前田育徳会尊経閣文庫編

尊経閣善本影印集成 46

内裏式

八木書店

内裏式序

蓋儀注之興其所由来久矣所以指
諭人納于軌物者也　皇上以禁中礼式
節文未具覧之者多滋行之者惑乃詔
正三位守右大臣兼行左近衛大将臣藤原朝臣
冬嗣中納言従三位兼行右衛門督陸奥出羽按察
使臣良岑朝臣安世権中納言従三位兼行春宮
大夫右兵衛督臣藤原朝臣三守従四位下行中務大輔
臣朝野宿祢鹿取従四位下皇后宮大夫兼行近江
守臣小野朝臣岑守父章博士従五位下兼行大内記
臣桑原公腹赤従五位下行大内記臣滋野宿祢貞主
等令條定焉於是抄撫新見採綴舊章原始要
終緝斯朝憲取捨之旦断於天旨起自元正訖

内裏式下

叙内親王以下式　　任官式
任女官式　　詔書式

叙内親王以下式

皇帝御紫宸殿、前掃部寮立漆案於南廂（當御座）
皇帝既御世内侍置位記筥於大臣之座前（掃部寮預立案）
即臨東檻喚大臣稱唯昇座大臣喚内竪二声内竪
稱唯入立東庭大臣宣喚中務稱唯出喚之輔已上入
自日華門（出入用同門）立東庭大臣宣參来稱唯卿先昇
受三位已上位記筥置於案上退下　次輔昇置五
位以上筥於同案退下　次大臣退下　内侍率可被叙
者列南廂北上東面異位重行内侍臨東檻喚中務（入自宣仁門候左近陣）
稱唯卿先昇叙之退下（出自宣仁門輔亦同）　次輔昇叙之退下

例　言

一、『尊経閣善本影印集成』は、加賀・前田家に伝来した蔵書中、善本を選んで影印出版し、広く学術調査・研究に資せんとするものである。

一、本集成第七輯は、平安鎌倉儀式書を採りあげ、『内裏式』『本朝月令要文』『小野宮故実旧例』『年中行事秘抄』『雲図鈔』『無題号記録（院御書）』『春玉秘抄』『春除目抄』『京官除目次第』『県召除目記』『禁秘御抄』『局中宝』『夕拝備急至要抄』『参議要抄』『羽林要秘抄』『上卿簡要抄』『消息礼事及書礼事』『飾抄』『大臣二人為尊者儀』『任大臣次第』『大要抄』『大内抄』『暇服事』の二十三部を十一冊に編成、収載する。

一、本冊は、本集成第七輯の第一冊として、『内裏式』（一冊）を収め、製版、印刷した。

一、原本は遊紙を除き、墨付で第一丁、第二丁と数え、各丁のオモテ、ウラをそれぞれ本冊の一頁に収め、図版の下欄の左端または右端に（1オ）（1ウ）のごとく丁付けした。

一、目次及び柱は、原本目録に記載の編目名を勘案して作成した。

一、包紙（墨書のある部分）を参考図版として附載した。

一、本冊の解説は、西本昌弘関西大学教授が執筆した「尊経閣文庫所蔵『内裏式』解説」を収載した。

一、冊尾に、附録として「宮内庁書陵部所蔵九条家本『内裏式』」二種（A・B）の影印を掲載した。

平成二十二年八月

前田育徳会尊経閣文庫

目次

内裏式 …… 一

内裏式序 …… 七

目録 …… 八

内裏式上 …… 九

目録 …… 九　元正受群臣朝賀式 并会 …… 九　七日会式 …… 二二

八日賜女王禄式 …… 三二　上卯日献御杖式 …… 三三　十六日踏歌式 …… 三四

十七日観射式 …… 三六　弘仁撰者名 …… 四〇　天長修訂識語 …… 四一

内裏式中 …… 四三

目録 …… 四三　奏成選短冊式 …… 四三　賀茂祭日警固式 …… 四四

奏銓擬郡領式 …… 四五　五月五日馬射式 …… 四七　五月六日馬射式 …… 五二

七月七日相撲式 …… 五三　七月八日相撲式 …… 五五　九月九日菊花宴式 …… 五六

十一月進御暦式 …… 五七　十一月奏御宅田稲数式 …… 五八　十一月新嘗会式 …… 五九

十二月進御薬式 …… 六二　十二月大儺式 …… 六三

内裏式下 …… 六七

目録 …… 六七　叙内親王以下式 …… 六七　任官式 …… 六八

任女官式 …… 七〇　詔書式 …… 七一　弘仁撰者名 …… 七二

天長修訂識語 …… 七三

参考図版……七九
尊経閣文庫所蔵『内裏式』解説……西本昌弘　1
附　録……*1*
宮内庁書陵部所蔵九条家本『内裏式』A……*3*
宮内庁書陵部所蔵九条家本『内裏式』B……*49*

内裏式

表紙

遊紙

内裏式序
蓋儀注之興其所由来久矣所以指
蹤人紬于軌物者也　皇上以禁中礼式
節文未具覧之者多貽行之者滋惑乃詔
正三位守右大臣兼行右近衛大将臣藤原朝臣
冬嗣中納言従三位兼行右衛門督陸奥出羽按察
使臣良岑朝臣安世権中納言従三位兼行春宮
大夫右兵衛督臣藤原朝臣三守従四位下行中務大輔
臣朝野宿祢鹿取従四位下皇后宮大夫兼行近江
守臣小野朝臣岑守文章博士従五位下兼行大内記
臣桑原公腹赤従五位下行大内記臣滋野宿祢貞主
等令條定焉於是抄撫新見採綴舊章原始要
終緝斯朝憲取捨之旦断於天旨起自元正訖

(1オ)

季冬所常履行及臨時軍國諸大小事以類區
分勒成三巻廣其外降之序降殺之儀被文
即脱臨事靡滞各修厥職守而弗忘家闕書
義近於此

内裏式上

元正受群臣朝賀式 并會　七日會式　八日賜女王禄式
上卯日獻御杖式　十六日踏歌式　十七日觀射式

式中

奏成選短冊式　賀茂祭日警固式　奏銓擬郡領式
五月五日馬射式　五月六日馬射式　七月七日相撲式
七月八日相撲式　九月九日菊花　十一月
十一月奏御宅田稲數式　十一月新嘗會式　十二月進御薬式
十二月大儺式

下

叙内親王以下式　任官式　任女官式　詔書式

内裏式上

元正受群臣朝賀式　七日會式　八日賜女王禄式 十一月

上卯日獻御杖式　十六日踏歌式　十七日觀射式

元正受群臣朝賀式

前二日所司宣攝内外各供其職前一日有勅設御座於大極殿敷高座以錦高座南并東西鋪（不至東西壁各二間又不至南廂一間）（舊例用布單今即停）鋪六布單於軒廊鋪二幅兩面於其上自後房屬高座（是備御路）人不敢蹋（兩面遍布單聽御前命婦等踏）張斑幔於高座後左右也設皇后御座於高座東幔之後鋪褰帳命婦座於高座東西二丈當南頭又鋪威儀命婦座於褰帳命婦座後一丈五尺

更北折五尺以南為上侍従立於南廂第二間以北為上
執翳者座於東西戸前少納言氈於南榮當第一楹
楹間毎座相對又當殿中階南去十五丈四尺樹銅烏幢東
樹日像幢次朱雀旗次青龍旗（此旗當殿東頭楹　玄武旗當西頭楹）銅烏
幢西樹月像幢次白虎旗次玄武旗（相去各丈許与蒼龍白　虎旗西棲南端楹平頭）
又自照訓門南廊第一間壇下西去四丈設皇太子幄々
東設謁者坐（用四位）自謁者坐南去一許丈設大臣幄
（幄南懸鉦鼓与近　自是北鉦南鼓）幄東砌下鋪外記史等坐俣西向左右近
衛陣邊鋪内記座中務置皇太子版位於中階西十丈又西
去二丈置奏賀版位自奏賀位東去二丈置皇太子謁者
版位自此南去二丈更東折一丈雙置行立位（奏賀在西奏瑞在　東相去一丈五尺）
又去中階南三丈更東折三丈置太子謁者位自此南去三
置詔使位中階南十二丈西折与奏賀位相對置典儀

上差西南退置賛者位又去中階十丈封設火爐（相去六丈）
式部自龍尾道南去北十七丈置宣命位南去四丈東折二丈
五尺置太政大臣位西折二丈五尺置親王（親王）位左大臣位於太政
大臣位南右大臣位於親（親）王位南大納言位於右大臣位南非参
議一位二位位於右大臣位南中納言於大納言位南三位参議
位少退東諸王三位位於非参議一位位南諸臣三位諸王
四位位少退在西四位参議位於中納言位南諸王五位位於諸
王三位位南四位位分在東西五位以下亦同之毎位相去一丈三
尺（五位以上参／敍版後重行）　若有蕃（蕃）客者置治部玄蕃客使版位於右
右五位版位間（治部玄蕃位東客／使西並北面南行）　其日未辨色諸衛服大
儀各勒司部立大儀仗於殿庭左右及諸門々部四人居
於章徳興礼両門東西也（各甲／胡床）　典儀一人賛者二人入自光範
門各就位左右中将仗供奉御前即陳東西階下（自階南去十丈更／東退一丈亦對）

兵衛使龍尾道而陳（取比隊旗去壁二丈／建壽縣之儀与近仗同）皆陳在東佐陳在西
（右兵相對若有蕃客／陳會昌門檢西亦同之）中務率内舍人陳近仗南（壽縣与青龍旗相連相去／六丈与近仗壽縣平頭隊旗）
（自壽縣少西進若有蕃客地上三丈又近仗大將陳龍尾道／下凡中務並諸衛各鉦鼓此鉦南鼓北皆放此西亦同）内藏大舍人寮等各
執威儀物東西相分列於殿庭（大舍人在近仗北一丈与近仗壽縣平頭此右内／藏寮次掃部寮次主殿寮並自大舍人）
（東退一丈平頭西亦同但／大藏省与内藏相對）主殿圖書兩寮各服礼服列爐東西去爐
各三丈卯三尅以前諸儀辨備訖（主殿東西各二人圖書東西各二人東一／人當爐立以北為上相去各五尺）
四尅大臣入自照訓門就堗座閤外大臣（若無大臣者／參議已上行事）令樞外
撃鼓諸門鼓皆應（殿下鼓／不應）乃開章德興禮兩門（自餘小門／先已開訖）大伴
佐伯兩氏（左大伴右佐伯／不帶釼着榼帶）率門部各三人入自兩門坐胡床於會昌
門上門部坐於門下（東西相對去壇一丈／當門七楹西亦同）辰一尅皇帝乘輿入大極
殿後房少將皇后御輿且入後房（兩近衛次將各一人率將監將曹府生／各一人近衛各卅人更還後宮供奉御輿）
（又左右兵衛尉已上各一人率志府生各一人／衛各卌人供奉亦同）警蹕侍衛如常十八女孺執翳二
人就戸前座（以南／為上）褰帳命婦二人（内親王已下三位已上為之若／無者王氏四位五位亦得）威儀命婦

三位已下五位已上為之各一人同色相對用卑為上
服禮服相分以次就座侍従四人親王已下四位已上為之若不
亦鈎着横帯用此為上服色同上
分共立次少納言各入自照訓先範両門對立氈上
両氏降壇北面立門下門部開門諸門与會昌門俱開各復
本位門内大臣命桓呂鼓諸門鼓皆應皇太子始就幄下坐群官
以次參入諸仗及両氏興内舎人亦同凡自此後両氏与諸仗共起居群官立定親王乃入自
顕親門若有蕃客者治部玄蕃相次引客入自會昌門就位了時春宮謁者引以坊大為之若無者他
四位得也皇太子出幄進至青龍旗下西折而至烏播日
像両播之間謁者北折而進就位皇太子揖進至烏播
之下北折而進就位凡毎曲折者揖諸臣亦同皇帝服冕服就高座命
帰四人親王已下五位已上為之色同威儀服礼服分在御前至高座下立御
座定引還更奉皇后御前皇后服礼服復就御座于時殿下
撃鉦三下二九女孺執翳左右分進奉翳分御高座即奉翳不為待皇后著
御座命帰二人褰御帳復本坐女孺還本坐威儀初

兵執仗者倶稱警群官磬折諸仗共坐主殿圖書
各二人以次出東西就爐焼香（主殿先出生炭　圖書后次焚香）典儀曰再拜皇太
子再拜（不使賛者兼　傳為貴太子）訖謁者北上當東宮位循北進二許
丈更西折當中階前皇太子進不至階下三丈許
東折就謁者位皇太子升中階當御座前北面跪於南
榮賀曰新年（乃）新月（乃）新日（尓）萬福（乎）持參來（止）拜供
奉（止）（良久）申俛伏而興降自階四級謁者進引皇太子復
立太子再拜于時勅喚侍從名（喚名之儀　同尋常）稱唯進自南
榮當御座前跪（与太子　處同）詔曰新年（乃）新月（乃）新日（尓）与
天地共（尓）萬福（乎）平（久）長（久）受賜（礼）（止）宣皇太子稱唯再拜舞
蹈再拜侍從還上殿典儀曰再拜皇太子再拜謁者進引
皇太子復幄北及青龍旗下典儀曰再拜替者承傳王公
官再拜訖奏賀奏瑞者（奏賀者在前若在西位者奏例得至　馳道須空其六人若帶釼者權脫）共

一自位諸仗共興奏者西行北折進自馳道不至宣命
位一丈東折経左兵衛陣南更北折階西折就行立之但有
須奏賀者進就版位北面立奏曰明神止御大八洲日本根
子天皇我朝廷尓仕奉流親王等王等臣等百官人等天下
百姓衆諸新年乃新月乃新日尓与天地共尓萬福乎持参来
天皇我朝廷乎拝仕奉事乎恐牟恐美毛申賜止申退復位君手
官客使等再拝奏賀者若無瑞者無奏詞前就位奏曰治部卿位姓姓
名等申久某官位姓名等我刑申某物顧野王乎符瑞図曰云々
孫氏瑞応図曰云々利此瑞乎瑞書尓勘尓某物波上瑞尓合利
某物波中瑞尓合止申世流事乎恐牟恐美毛奏給久止奏退復位勅
曰奏来賀者称唯就位勅曰供奉親王等王等臣等百官人
等天下百姓衆諸新年乃新月乃新日尓与天地共尓萬福乎平久
安久受賜礼宣留奉勅称唯退復行立之位俱旋巡還退出奏

貢者(使)當宣命之位奏瑞者復本列訖乃宣制曰神(止)出大八洲日本
根子天皇(我)詔旨(良万)(度)宣(不)大命(乎)衆聞食(止)(与)宣王公百官稱唯再
拜訖更宣云供奉親王等臣等百官人等天下百姓衆諸新
年(乃)新月(乃)新日(尓)与天地共(尓)萬福(乎)平(久)長(久)受賜(止)勅(不)天
皇(我)詔旨(乎)衆諸聞食(与)(止)宣王公百官共稱唯再拜舞踏再
拜武官俱立振旆稱萬歲〔其聲謁〕不拜舞侍宣命者退復
本列而典儀曰再拜贊者承傳群官再拜訖侍從進當
御前跪曰礼畢還復位殿下擊鉦三下奉翳垂帳訖復本
處　皇帝還入後房皇后還入如出儀殿下擊退鼓諸門
皆應上下群官罷〔自上而罷極退鼓群官且罷不待諸門鼓應　又殿上者侍先罷次少納言次執翳威儀褰帳等之〕両氏
閉門諸衛叩鉦解陣〔撿舊例縁風雨廢朝者次日行礼　二日以後未曾見行〕　即還御豊樂殿
會　皇帝受群臣賀訖還御豊樂殿賜食宴侍臣其儀
舗御座　西第一間設皇后御座(南面)東第二間設皇太子座(西面)次

「三四間巳南去設親王以下参議以上座（南北面西上）顕陽承歓両
堂（若有蕃客惣設顕陽堂）設不升殿者座（東西面北上）皇帝皇后御酒器并皇太
子酒器安置之處見所司式東廊第二三間安升殿者酒器顕陽
堂西柱北第五間安不升殿者酒器承歓堂与此相對先是所司
預辨皇帝皇后御皇太子饌（謂菓子雑餅等但御飯并熾炙和羹等御座後供之弘仁五年以往御坐後供之六年預供置之）及升殿不升殿者饌（並謂看菓子等但飯羹等与供御共給）中務置尋常版
位於殿前北七去一許丈置宣命位供設已訖皇帝出清暑堂御
豊楽殿皇后出御亦如常儀近仗服上陳殿下少将以上仗槍
左右兵衛佐已上又同諸衛又服上儀（皆不樹器仗）御坐定内侍臨東檻
喚大臣（若無大臣者参議以上侍）大臣稱唯到右近陣西頭謝訖登自東階（凡升殿人皆用此階）
着坐次皇太子登自同階到坐東而西面謝坐（凡毎拜随坐宜）謝酒
着坐所司開豊楽儀鸞両門未開掃部鋪闈司座於逢春
「左右（毎有奏事必用此儀若無奏事不須他放皆此）両門開訖闈司二人出自青綺門分座

延春門南北余人詣門外叫門曰御暦進（止乎）中務省官姓名等（謂輔已上）
候門（止）申（闈司辞以叫門故替之皆倣此）闈司就位奏（他皆倣此）勅曰令申闈司復坐傳宣
云姓名等（乎）令申舎人稱唯（他皆倣此）中務率陰陽寮舉置暦之机
入自延春門（他皆倣此）立庭中退出輔已上一人留奏進其詞曰中務省
奏（久）陰陽寮（乃）供奉（礼流）其年七曜御暦進（楽久乎）申賜（止）奏（無勅答若親王
任卿者以進礼楽乎悉美毛詞替進楽乎他皆倣此）奏事者出闈司共進舉机於殿東階安
南榮即降立階下西内侍持函奉覧訖返置机上（暦留御前）闈司
昇却机安前還就戸内位内豎入自建春門持机出授陰陽寮次大
舎人叫門闈司就版位奏云水様進（止乎）宮内省官姓名叫門故（尓）
申勅曰令申闈司傳宣省輔已下史生已下相分与主水司官人
已下共執氷様又与大宰使同執腹赤御贄省輔相扶入自同
門共安庭中退出輔一人留就位奏曰宮内省申（久）主水司（乃）今
收氷合若干室厚若干寸下已若干已上益自去年若干

成自去年若干室供奉〈礼流〉事又大宰府〈乃〉進〈礼流〉腹赤〈乃〉御
贄長若干尺〈楽久乎〉申賜〈等〉申〈無勅答〉訖退出即膳部水部等入自
義秋門取水様腹赤御贄退出大臣喚舎人弁唱舎人称唯〈進候〉
春門外少納言替入自建春門就位立大臣宣喚侍従〈踏歌九月九日等且同餘節宣喚大
夫等〉少納言称唯出自儀鸞門日喚之〈他皆放此〉親王先称唯〈他節放此〉
参議非参議三位以下五位以上称唯親王以下参議非参議
三位以上一列入自同門東扉五位以上東西入頭入自東西扉〈参議已上後自親王五許丈四位後自参議七許丈五位与四位連属五位叙後者北到明義堂北頭六位已下参入但参議已上列行之同三許丈〉北入門衛仗
共興〈他皆放此〉而親王以下五位以上東西分頭〈立〉庭中去版南一許丈異位
重行〈挟馳道立東者用西為上西者用東為上〉立定大臣宣侍座共称唯謝坐訖造酒正把
空盞〈使用升殿者酒盞〉来授第一人〈共跪受授〉訖更還却二三丈許北面立
群官謝酒〈謝座并同〉訖受還〈他皆放此〉以次升就坐五位已上見参議
已上両三人昇殿〈不必待参議之昇畢〉共東西分頭着座訖〈凡親王以下五位以上参入儀他皆放此〉

（7オ）

諸仗共坐少時酒司（各著当色）盞供御膳（一度十八人左右各五人用西階）近仗共興（供膳訖共坐他皆放此）皇太子及上下群臣起座（他皆放此）供膳訖大膳職盞賜五位以上（此皆選内）各入堂後（各入自堂後給之但外殿者膳夫酒部等入自東廊）先是酒部各八人各趍立酒樽下（竪著当色著帛花之又宮内大膳大炊造酒等典人已上同得上殿他皆同此）賜君群臣膳訖行酒者把盞賜外殿者相続賜不外殿者（賜自座後）觴君群臣膳訖行酒者把盞賜外殿者行一周吉野国栖於儀鸞門外奏歌笛献御贄（若有蕃客一不奏他皆放此）訖大歌別当一人奉勅下殿東階出自儀鸞門喚歌者共趨唯（勅止）■即別当率歌者相分入（或時有勅■勅此之立秋之同）奉入之間鼓臺当作楽器謂鍾鼓等類依次建之於庭中（内竪大舎人相執而入自儀鸞門又歌者相頼合建之祭却之同）掃部合入自同門安座於鍾臺南鍾臺当作楽器歌者立定撞鍾三下代鼓三下訖後就座奏歌訖退出（或時喚別当侍殿上不令待歌畢）掃部入自同門却座（田）（同下亦同）少時復入安立歌座訖治部雅楽寮工人等参入奏歌（同不奏之）訖退出及宴将終内蔵縫殿両寮分入延明置納被積於々

戸内記授宣命文於大臣中納言以上他皆放此外記進見参侍従夫
名他皆放此大臣進宣命文及見参侍従夫名内侍轉取奉覧訖簡堪宣命
之参議已上一人授宣命文即受復本座即皇太子起坐次親王以
下〻殿東階自右近陣南去三丈更西折一丈西面北上不升殿者見
受上者兩三人下殿則相應俱下復拝亦同他皆放此各立當前東西面進自當前各三丈他皆放此
宣命大夫降自同階就叙位宣制云天皇我詔旨良万止宣大命乎衆
諸聞食与止宣皇太子先稱唯次親王以下共稱唯太子先拝舞
次親王以下拝舞他皆放此訖更宣云今日波正月朔日乃豊樂聞食須
日尓在止又時毛寒尓依止御被賜久止宣若雨雪者時寒之上可加雪毛布流之詞皇太子先稱唯次親王
以下俱稱唯訖皇太子先拝舞〻只親王以下復然他皆放此訖著座
中務大少輔相分執札入同門大輔北扉少輔南扉各立積東西頭内侍先
取御被賜皇太子〻〻先再拝令唯稽顙下亦同之下東階中務唱名賜
親王以下一〻再拝紲頭陽當南出自延明門給群臣禄記

刑司獻餘物於内侍、即於殿上女史唱名給内位命婦等（賜見參人）
凡宴會之儀、餘節皆放此（案舊記、大應以往、縦雖廢朝、元日必會、延暦以来、受朝賀日賜宴、若經三日風雨不止者、雖不受朝、猶有宴）
（御饗）若此日當上卯、未召群臣之前、令獻御杖（他節放此）此日大膳
職於殿上賜命婦等饌訖、廻御本宮

七日會式

前一日、刑司辨備豊樂殿、構舞臺於殿前（自殿南階南去十一丈七尺、舞臺高三尺六丈）
設樂人幄於舞臺東南角（南去八許丈、東去三許丈）舞臺北四丈中務置宣
命版位、南去一許丈置尋常版位、四位五位座於顯陽、承歡兩堂、
六位已下座於明義、觀德兩堂、其日平明、左右衛門樹梅柳於
舞臺之四角、及三面内藏寮以縹帶結着、即置舞臺鎮子（寮官人少數着、用内竪大舎人等）
掃部寮立位記案、安於版位東西一丈（自常位南去一尺、東折一丈、女親王位記案、又南去七許尺、女三位已上案、又南去一許尺、女四位以下案並、部又同）一刑司預辨御饌并群臣座饌等、一如元日
不（非侍従）乗輿幸豊樂院後堂、賜可叙人歴名於内侍〻〻

卩人檻校大臣〻〻喚内竪宣喚式兵二省〻〻並各一人參入大臣
賜歷名令召討近仗服上儀（少将以上杖槍左右兵衛佐已上諸衛同服上儀但不樹器仗等）陣殿下
既而皇帝御豊樂殿内侍畳位記筥於大臣之座前即臨東
檻喚大臣（若無大臣者參議以上同）大臣到右近陣西頭謝坐訖登自東階（凡升殿人皆用此階）着
坐次皇太子登自同階到座東面西面謝坐謝酒（凡無辞随坐畳）
着座則司開豊樂儀鸞門闈司二人出自青綺門分座建春
門南北（掃部寮設座）大舍人叫門云〻闈司進自右近陣南就版奏云御
弓事奏賜（牟止）内舍人姓名叫門故亦申勅曰令奏闈司傳宣云
姓名（乎）令申大舍人稱唯訖内舍人入自建春門経右近陣南就
版奏云御弓進（牟止）兵部省官姓名等（謂大輔已上）候門（止）申勅曰喚之
内舍人稱唯出喚御弓稱唯録以上及造兵司等安弓矢樻於高
机上共舉入自建春門尋常版北一許丈東去五許尺立畳且退
山（両机之間一許丈）卿若大輔一人留（進立両机中央）奏云兵部省奏（久）造酒司（乃）仕奉（礼流）

月七日乃御弓又種〻矢献〔良久〕〔平〕奏給〔久〕〔止〕奏〔無勅〕〔答〕即退出内蔵寮允
已下史生已上〔寮官人少数者用内竪大舎人等〕共舁退出〔旧例大臣先喚内竪令喚内蔵寮允已上得之〕内記授
宣命文於大臣若中納言以上大臣令内侍奉覧訖返給〔待宣命時所授宣命者〕
大臣喚内竪〻〻大夫趍立左近陣西頭大臣宣喚式部
兵部〻〻称唯出喚二省輔〔若少輔位記筥函等随〕入自逢春門立左近陣西頭大臣
喚式部〻〻称唯升殿賜位記筥復本列兵部亦同訖各捧位記筥
趍畳案上〔兵部度駈道畳之〕相列退出大臣喚舎人二声舎人侯逢春門外
称唯少納言替入自逢春門就版位大臣宣喚大夫等称唯出自
儀鸞門喚之親王已下五位以上称唯親王以下参入〻〻非参議位
以上一列入自儀鸞門東扉比入門諸仗共興次五位已上東西分頭
参入〔並用東西扉〕式部録正容儀相次六位以下参入省掌正容儀
〔参議已上後自親王五許丈四位後自参議七許丈五位与四位連肩五位最入者比到明義堂北頭六位已下参入但参議已上列之間三許丈肩〕親王以下六位
以上東西分頭立庭中去舞臺南二許丈東西立定〔未入之前酒部〕

（9ウ）

于各立　大臣宣侍座共稱唯謝坐訖造酒正把空盞便用外殿者酒盞来
授第一人共跪受授更還却二三許丈北面立親王以下謝酒訖造酒正
受還他皆放此參議已上非參議三位已上以次升就坐次五位已
上六位已下東西相分着座見參議以上兩三人昇殿則五位以上六位以下相共着座不待參議之昇竟他皆放此
入部寮可叙人東西分頭入立舞臺南自臺東西角東去三許丈南折三許丈立西面位已下行立兵部亦同
大臣喚堪宣命參議已上一人授宣命文受即復本座皇太子
立座東西面次親王以下ゝ殿東階若大臣預叙位者便往就列自左近衛陣南去三
丈西南北上立不拜殿者見在殿上者兩三人下殿則相應俱下復拜亦同
下叙後者比列堂下式部
他皆放此各立壹前東西面進自壹前各三丈他皆放此宣命大夫降自同階就版宣制云天皇我
詔旨良麻止勅大命乎衆聞食止宣皇太子先稱唯次上下稱唯訖
太子再拜次上下再拜更宣云仕奉人等中尓其仕奉状乃随尓治賜人毛
在又御意愛盛尓治賜人止一二在是以冠位上賜治賜止波久詔天皇
大命乎衆聞食止宣皇太子先稱唯次上下稱唯訖皇太子再拜次

（10オ）

下再拝（不昇殿者各當堂前東西面他皆效此）各着坐訖式部輔進叙之訖兵部亦同
（刹叙親王大輔叙三位已上少輔叙五位已上）訖二省共引退出次被叙人等相依馳道拝舞（不必待二省出門）
訖退出諸仗共坐（若叙親王者親王先入次式部卿其叙畢卿先出次親王拝舞退之）二省並入（式一人或二人随苫多少）自
逢春東秋両門執苫退出掃部寮搴入徹案与二省同新叙者
親族在殿上及堂上則被叙人退出之後各下立殿堂前拝舞訖各
復本座左右馬寮引青馬入自延明門従顕陽堂後北上入自逢春
門（近仗興待度畢乃坐）経舞臺北度殿庭近分配前後（左近在前右近在後）毎七疋前寮
官人分陣出自東秋門経東歡堂後出自延秋門訖内膳司（各着當色）
供御饌（左右各五人）近仗興（共饌訖坐群臣亦同）主膳監益供東宮饌大膳職益送
羣臣饌一觴之後吉野國栖獻御贄（若有蕃客不奏歌他皆放此）奏歌笛及大歌立
哥人等奏哥如常（或不必召若有蕃客亦不奏他皆放此）無涕妓自青綺門大夫二人（用在堂五位端正帯）
劔若不帯（任帯之）分在前南向経近仗東頭西折一許丈向南行至幄東
北面而立樂人就肆訖大夫便就顕陽堂坐奏訖引歸如初皇

〻先起座次親王以下〻殿不升殿者下堂各立〻太子先拜舞
次親王共拜舞他皆放此訖大蔵省積禄帰部寮舞臺南立禄臺雅楽官前奏曰
縮若干疋綿千屯進止申無勅答大臣進宣命文及五位已上見参
數内侍轉取奉覧訖宣命大夫受宣命文復本座上下群臣
皆起立如上若有蕃客勅使引客列堂前俱東西与此間大夫等俱拜舞宣制云天皇我詔旨良万止宣不大
命乎衆聞食与止宣皇太子已下稱唯再拜更宣云今日波正
月七日乃豊楽聞食須日尓在故是以御酒食閇恵良岐常毛見留
青岐馬見多閇退止為奈毛酒幣乃御物給久止宣皇太子以下稱唯
拜舞式部大少輔及録相分執札入自儀鸞門大輔東扉少輔西扉
先是預定可使給禄之参議一人宣命訖降殿禄所令唱名賜禄
大少輔唱五位已上録唱六位已下但六位已下者与五位俱時唱給唯皇太子禄授坊官〻司献〻司餘物於〻
内侍但六位下已禄綬者追取大蔵省即女史唱名賜命婦及女官等宴畢廻御本
其日遲暮主殿寮執燎入自逢春承秋門与宣命版位〻帝

此面列立左右各十炬三賜五位以上禄一則各二炬各左右衛門部
東燎入自延明延秋門列於顯陽承歡兩堂前各十炬北面立面
賜六位以下賜禄一則各二炬若有蕃客者前一日一則司勅設
御座如常 諸衛服上儀 但大樹器仗 不升殿者座惣於顯陽堂六位以下座
於觀德明義兩堂勅使及客座於承歡堂構舞臺於殿前
自殿南去十五丈許 方六丈 設樂人幄於舞臺東南角 南去八丈許 東去二丈許 舞臺上四丈
置等常位南去四丈當承歡堂此第二階置勅使宣命位自勅
東位南去二丈五尺更西折二丈置通事承宣位自承宣位南去
丈許置通事承傳位 承傳位 南二丈置客等大使已下録事已
上位大使已下位南一丈置首領位首位南二丈置通事位但當大
使位東四丈置治部位東二丈置玄蕃位其日未御坐前治部等
列立酒樽下 臨時闈大學生及内竪等預定若今著當色其勅使蕃客座 然四阿皮上施床子及食床毯上施酒器事具前司式 御坐定
有豊樂儀鸞兩門少納言候逢春門外大舍人同候如元

[?]儀少納言奉宣出自儀鸞門東扉召群官即参入自入
扉六位以下東西相分参入 群官行立標具式部式 主立治部玄蕃通事
引客等入比入門諸仗倶興 此間新叙者退出之後通事引客入通事若帯五位立客前帯六位以下与客相雙入
各就位客等拜舞式部少輔丞各一人入自儀鸞門立治部前
[?]部寮入自同門立案於宣命位後 自宣命位南三丈五尺東西五尺許立三位位記案南去七尺立四位
位記案 式部録擎位記筥入自同門置案上退出承勅者自右自左
近仗東頭稍南進十許丈南折進當勅使位西折即就位嚶通
事二度 若以五位為通事嚶各以六位為通事稱譯 通事稱唯就承宣位時宣制曰天皇我詔
旨止良万勅御命乎渤海客人衆聞食止宣久國乃王差其等進度志
天皇我朝廷乎拜奉留事乎矜賜比慈賜比冠位上賜比治賜久止
勅天皇我大命乎聞食止宣通事稱唯就承傳位曰有勅客等
稱唯再拜訖通事傳勅旨客等稱唯拜舞通事復本位承
[?]者還本處時式部少輔進叙大使次丞進副使已下訖客等拜

外輔惠録退出次式部掃部寮縫却菅葉退出内蔵寮縫
殿寮入延明門候顯陽堂南寮擇客止合礼者（隨時擇取諸之）隨客等
數各取朝服各到客旁此（北）面賜之客等受之授了還如入儀訖
治部玄蕃引客等出令脱本國服着我朝服參入列立如前即
拜舞訖供食勅使就位其出儀同承勅者喚通事二度通
事稱唯就承宣勅使宣客人（倍）安（尓）（良奇）座（尓）侍（上）宣通事稱唯
就承宣位勅使宣如常客等拜舞（酒）酒部一人杷盞下（日）第
四階至大使前立大使跪杷盞酒部跪授訖西還録事左向（此）立
以下謝酒訖酒部進杷（把）盞還樽前勅使西進當承歡堂第二
階北折進當第一階北向立通事引客等西進當第四階此折
進當第二階立首領當第三階立勅使登就坐次首領升坐
者（通事立大使後若帶五位者設坐勅使後給饌）治部玄蕃東折就羣官坐左右馬入自
左日明門自顯陽堂後北上入自逢春門經殿庭西度出自承秋門

至承歓堂後出自延秋門訖前司（服色見上）番供御饌（近仗并諸臣客等起座凡毎近仗興諸臣客等起座如常）舞妓出自青綺門五位二人分頭在前差進経左近仗東頭南進当幕前北面立妓就肆訖便着顕陽堂座舞妓奏楽訖還入五位在前如入儀君羣臣各下座列立供食勅使下自器一日少東進東向立次通事引録事已上下自第二階東向立首領下第二階東向立君羣臣及勅使客等俱時拝舞（通事不須舞他皆放此）妓還訖掃部寮入延明門立禄其臺於庭中（不必待妓還）弁官并大蔵省輔令持禄物置其臺上宣命拝舞如常君羣臣各着坐訖勅使通事引客等列庭中位如初儀其賜禄儀者式部大少輔入自儀鸞門（大輔東扉少輔西扉）給之大輔先喚宴外殿者名訖唱不外殿者名白既還昏主殿寮執燎左右分列於殿庭頂之左右衛門々部各廿人執燎入自延秋延明両門列於顕陽承歓両堂前左右京職各廿人自皐列於明義観徳両堂前賜客禄未訖治部玄蕃下堂列立賜

（13オ）

儀訖引客退出左右衛士各二人執燎迎儀鸞門送朱雀門勅使
南折進東折度殿庭自顕陽堂第四階就群官坐訖閇豊楽
儀鸞両門乗輿廻宮〈十三年正月十三日於射場勅定〉

八日賜女王禄式〈十一月同〉

其日近衛次将令内司鋪設於殿庭〈安福殿前設幄二宇〉積禄於版位南紫
宸殿南廂西戸外建三尺畫障子并備御饌〈謂菓子雑餅等殿南廂西第三間女酒器〉
并皇后御座饌及女御尚侍已下散事已上饌座〈並謂肴菓子等〉其
〈帝〉常座以西二許丈設皇后御座〈牀装〉〈装束之儀同御座但不立御帳〉御座東設女御
上座〈用右大床子其色随人貴賤〉立基臺盤並銀筯匙〈但饌各用私物〉帝座以東二許丈
南北相対立孫王尚侍典侍等床子〈以下同用中床子〉東廂南北相対立散
事床子〈以上同鋪毯代又立基臺盤並白銀筯匙及肴菓子等〉東第一間女酒器〈事具別記〉禄東頭少北庭
上面立内侍床子又西八許丈立女史床子床子之前立空床子一
脚又以西一許丈立掃部女嬬床子二脚之前又立班縁臺一脚〈用長床子〉

卯卯座西南四許丈立闈司床子闈司西北八許丈立案着床子六
脚禄以西五許丈更南折一許丈立別當以下令史已上床子自北
以北七丈樹板障子辨備已畢御紫宸殿正親司引女王等自月華
門参入女先之入就幄下座訖別當已下入就座即唱名賜禄其
物内外司歸禄式七日夕或此日或殿上或外殿庭唯臨時勅裁

上卯日獻御杖式

天皇御紫宸殿即春宮坊大夫以下舉奉御杖机皇太子相
挾入自日華門外自南階樹箐子數上退出内侍轉取奉
覧訖坊官就内侍所賜机大舎人寮左右兵衛府棒
杖候於建礼門外近杖服中儀一列陣階下〈儀同雷鳴〉兩近衛
將曹各一人率近衛〈左近衛五人 右近衛五人〉開承明門〈相對開之〉先共北面立門内
壇下共置乃登階開之〈將曹尚立〉兵衛亦開建礼門訖乃還闈司
人出自紫宸殿西分居門内左右〈掃部領鋪座〉大舎人叫門闈司就

於奏云御杖進止乎大舎人寮官姓名等謂五位助以上若無五位權任叩門故尓
申勅曰令奏聞司傳宣云姓名等乎令之申掃部寮入立案
殿庭版位東西相去各一丈許大舎人寮先入諸衛亦興奏進其詞曰大舎人
寮奏久正月乃上卯日乃御杖供奉良之進于樂申給止久奏若親王奏以進礼樂乎替
進樂乎他皆效此勅曰置之屬已上倶稱唯乎轉安案上退出次左右
兵衛府入奏進勅曰置之醫師以上倶稱唯訖衛仗坐其
杖者内藏寮允已下史生已上若寮官人數少用内竪大舎人等入自日華門舉安
御仗之案退出案大舎人寮記文親若任寮頭者奏辭進字下加恐美恐美毛之詞又中衛記文奏辭有御杖止供奉之詞而延暦年中直稱御杖供奉以省稱
不止之詞也

十六日踏歌式
早旦天皇御豐樂殿賜宴次侍從以上有蕃客者非侍從及六位以下皆召供設儀式
一同元日會内膳服色亦同但不掛舞臺一盞之後吉野國栖於儀鸞
門外奏歌笛獻御贄及大歌立歌人等參入奏歌如常若有蕃客

蓋不
訖宮人踏歌出自青綺門五位二人分頭在前差進經右
近仗東頭南進更西折當殿中階南進當顯陽堂南階時大
夫東去七許丈北面立踏歌者踏分即外差堂坐踏歌者歌罷
起即進列罷如初上下群臣起坐拜舞如常訖大藏省安祿
又庭掃部立祿臺如常弁官進奏曰綿若干屯進止申蓋無勅宣命大夫受
文復本坐上下君等臣起坐如常即宣制云蓋天皇我詔旨止良万宣不
大命乎衆諸聞食止宣上下再拜如常更宣云今日波正月望
日乃豊樂聞食須日尓在故是以踏歌見御酒食閉惠良伎退止爲毛奈
御物給久止宣上下拜舞如常宣命大夫退罷之後中務輔以上
唱名賜綿各有差但皇太子祿授坊官延暦以往踏歌訖縫殿寮賜榛摺衣群臣摺衣踏歌訖共就庭中酒
一坏綿十七屯即又令近臣縧引至于大同年中興節停廢弘仁年中更中興但絲引榛摺群臣踏歌並停之一所司獻祿餘於殿上即内侍
令女史賜踏者各有差若有蕃客者一所司勅設御座如常當
顯陽堂西南角設樂人幄不拜舞臺未御之前雅樂寮先入侍幄座

（15オ）

入座定、召群臣五位已上六位已下如常、治部玄蕃引客等參入、諸仗興、客等拜舞訖、供食、勅使宣命、令拜舞謝酒（此日儀皆同七日）訖、諸仗坐、所司（服色与七日同）益進御膳、大膳益送群臣饌、即樂官奏樂、〻訖、或有勅令客等奏其國樂、訖宮人踏歌出青綺門、如上、踏歌者東向之時、大夫進而列叙如常、群臣客等拜舞、宣命賜禄亦如常（式部唱名、賜諸臣）、日既逮昏、執燭者列殿庭、同七日儀、其客等禄法、五品已上与卅間大夫同、六品以下各十疋、訖治部玄蕃引客等退出、其儀亦同七日、次雅樂寮退出、

七日觀射式

前一日、裝束使率所司張於豐樂殿、設皇太子及親王已下參議已上及非參議三位會坐於殿上、四位五位會坐於顯陽堂、六位已下會坐於觀德堂如常儀（其有蕃客者六位已下分坐觀德明義兩堂之）、布射席（以羊皮為之）於殿庭當御前少東、去射席西行卅六步張第一侯（以鹿皮為之、親王以下五位已上）

又左右近未左小一所射也侯後四許丈張山形用紺布為之侯邊設之一所以避矢以板為之卅五許丈
設鉦鼓帳設蕤者位於之後蕤者毎的執白幡謂者矢陳察者自右近仗頭南去
四許丈當殿西階西端設射人名者版位東面立觀德明義
兩堂間設第二侯之射席鉦与第一侯齊行左右未左右未门射之各不及
内席二許丈射人行立版位其日乘輿未幸之前大藏省
陳賞物於毎席東西第七許丈皇帝御輿以出諸衛服
上儀服仗立丈警蹕侍衛如常儀兵部省列五位已上六位已下
群官於豊樂門外位各持弓矢叅議已上於延英堂喚兵部
省令趨外辨鼓儀具一所司式御坐定内侍臨東檻喚大臣若無大臣者叅議已上之得大
臣稱唯昇自東階着座次皇太子着座並如常儀一所司門
儀鸞豊樂兩門鼓吹司趨吕鼓用第一侯邊鉦鼓親王已下群官人趨二三聲初入
自儀鸞門東扉其有蕃客者六位已下東相分入諸仗動群官立定大臣宣
[illegible]坐稱唯謝坐謝酒着坐如常儀諸仗坐鼓吹司叩鉦

紫

二下射人引入自儀鸞門東扉（経右兵衛陣前東折西行）諸仗興（舊例俳優人導射大同年）
（中停）持鉦者在射人前乱聲而進次執幡者四人相分在
左右優幡指行前（二人執紫幡在四位已上前　二人執緋幡在五位已上前）持鉦者不及行立位
五許丈停立乱聲不止鼓吹司復叩鉦二下乱聲乃止
諸仗坐木工寮共懸的（的以板編之爲親王三尺自外二尺五寸　若有蕃客爲蕃客五位以上二尺）射人就行
立位執紫幡者不及行立位一許丈停立擧幡四位已上射
訖優幡退執緋幡者進同前五位射訖退如前其比射人就
亍立位兵部者入自儀鸞門西扉（経右兵衛陣前西折去自来歓明義両堂前）就鼓吹幄
冂唱名者（卿唱親王大夫唱三位少輔唱四位五位丞唱六位已下）進就位（在西幄第三間）唱将射者官位姓
名（蕃客名同但五位以上輔唱之六位以下丞唱之）射人進就射位射中的則獲者捧的稱可（一所）
中之親随矢陳密叩鉦有數（外親一聲次親親二聲内親三聲）中皮者々旗指示所
中處稱皮一皮二一（舊例更有一人稱令停）随即槌鼓一聲普賜物有差大藏着
一随射訖告射中者停立（一所停立處在賞物已東二許丈地　二矢俱不中者不告已）北向稱唯進至

賜物前受物退五位已上射訖射訖者二人出自儀鸞門東廂更復本坐諸衛次進
将唱名者二人俱進就位唱将射官姓名一人唱射第一侯者一人射第二侯者此北一二人
射所司益供御膳兩侯齊射訖有勅令侍會群官五位已上
射不唱名出自顕陽堂北就行立位射訖賜物便従同道退出次近衛兵衛後參者入自顕陽堂南本
内監射於近仗南頭此七頭立唱将射者官姓名左近左兵衛東立右近右兵衛西立左
右近衛射第一侯左右兵衛射第二侯其帯力舎人列在右
右近衛聞春宮坊進一人就位唱官姓名如前儀若有蕃客者侍會群官五位已上
及衛門諸衛後參六日射賞中者如前物惣射訖叩鉦三下次撤退鼓皇太子再拝下自
東階退出群官再拝退出參議以上出自延春門五位以上出自顕陽堂南六位以下出自儀鸞門東掖門若有蕃客出自
東西掖門次兵部省大蔵省入如儀次叩鉦五下是日賜五位以上饌其
諸蕃入朝供設於殿上如常儀以々設一侯張以熊皮又設之射帯
以熊皮布賜客徒其國弓矢令射列立之次在諸衛前退日親王不射客
之射訖退出射事且停鸞待客徒著座治部玄蕃引客徒入自儀鸞

〔客西廂治部　玄蕃東廂〕就庭中位拜舞勅使直通自射人中就位宣制
客徒拜舞訖謝酒列就坐治部玄蕃著座如常射礼訖
起鉦鼓同前勅使引客徒就庭中位客等拜舞退勅使不
拜治部玄蕃下堂引客如常勅使度庭著顕陽堂群官
次退同前

弘仁十二年正月卅日

正三位守右大臣兼行左近衛大将臣藤原朝臣
中納言従三位兼行左衛門督陸奥出羽按察使臣良岑朝臣安世
権中納言従三位兼行春宮大夫左兵衛督臣藤原朝臣三守
従四位下行中務大輔臣朝野宿祢鹿取
皇后宮大夫従四位下兼行近江守臣小野朝臣峯守
文章博士従五位下兼行大内記臣桑原朝臣腹赤

従五位下行大内記臣滋野朝臣貞主

内裏式雖指曉之躅往日既定而折旋之儀頃年頗革
或有節會供張出入門闈従記舊時未者新變者
聖上鑒其踳雜期盡倫通斟酌随宜取捨先折衷
仍臣等四人令綴緝焉謹稟衆旨詳加増損削繆補
闕繕寫甫就

天長十年二月十九日

正三位守右大臣兼行左近衛大将臣清原真人夏野
権中納言兼行右近衛大将従三位行春宮大夫臣藤原朝臣吉野
従四位下行右近衛中将兼備前権守臣紀朝臣長江
従五位下行大内記臣春澄宿祢善縄

（18オ）

（18ウ）

〻式中

奏成選短冊式
奏銓擬郡領式
五月六日馬射式
相撲式
十一月進御暦式
十一月新嘗会式
十二月大儺式
賀茂祭日警固式
五月五日馬射式
七月七日相撲式
九月九日菊花宴式
十一月奏御宅田稲数式
十二月進御薬式

奏成選短冊式

四月十一日大臣率参議已上（大納言執擬階奏若不在中納言執之）入自日華門就
式部兵部並荷冊櫃卿輔相扶（若親王任卿及参議已上任卿大輔者不須）
進置大臣後一許丈並等退出卿輔磬折立櫃後勅日
[illegible]参来参議已上称唯升自東階立床子後簀子敷

（19オ）

一大臣替執檄階奏文奉進即降自階授極書杖於外記復本處親王任卿者候陣邊参議立宜外立床子後其座在東第一间〻西檐北邊参議已上来参入之前作掃部寮令立床子〻已上共着座式部卿乃唱盖若親王任卿及参議已上任卿大輔者少輔唱之

盖一人稱唯而盖参入共開櫃執冊函授卿退立櫃後若親王任卿及参議已上任卿大輔者使授少輔也卿外殿進至御前披函執冊比量陣去御座二許丈執函磬折立若親王任卿及参議已上任卿大輔者御進階少輔外殿授降立階下訖輔還本處盖燕捲櫃盖退出次兵部亦如此訖大臣宣式部省稱唯宣兵部省即稱唯宣將去二省卿稱唯若親王任卿及参議已上任卿大輔者進立少輔稱唯唱盖退如入儀若親王任卿〻先退次参議已上以次退便出宣仁門或有應進階者隨狀擢叙兵部亦如此

若有不御覧短冊者勅曰短冊者云〻大臣即奉勅稱唯宣將去其儀如上唯参議已上不更着座

賀茂祭日警固式

山祀五六日少納言已等常奏畢更奏云山城國申乃頃
賀茂上下社以其日（中申 酉日）可祭事申賜之止奏（無勅答）先
祀一日大臣（若無大臣者中納言已上名得之）令内侍奏可衛固之状又遣内
竪喚六衛府佐以上各一人（若无佐以上尉名得之）諸衛来集即大臣
殿　内竪宣喚　司々内竪稱唯出喚諸衛、、
々々之諸衛稱名如行在前將軍等稱名之儀以次入之
（出自日華門立殿庭）大臣宣欲為賀茂祀（我亦）故如常奉固衛諸衛
共稱唯退（酉日）已一尅使等就内侍申退状即給禄（四位已上）
（御被 四位御衣）一此時喚男女使等被馬、（自從者）令度殿庭訖會内藏
寮饗食賜之、、二刻發向其〆使等就内侍執申祀、（或時）
（明旦申之）戌日早旦令内侍奏解陣之状大臣於陣邊使内
竪喚諸衛宣解陣（雖無朝使其儀名同）
〻銓擬郡領式

（20オ）

日朝饌後近衛次将一人上殿亭掃部寮設座其儀御座東南階前置讀奏人座〔用両面草墪〕前立机南廂設大臣座其前立机〔若大臣有故參議已上行事〕次參議已上座並北面東廂設御座〔若親王任卿者南行東第二柱北邊二許尺設座〕次南大輔座〔若參議任大輔者就參議座便前立机〕次南少輔座並西面前立机已午間内侍臨檻日、也大臣稱唯參議已上共參上就座少輔執奏莒入自日華門〔下皆效此〕至階下磬折而立御起座近階上執進御所〔上自御座東南階膝直御前机上〕復座大轉執讀奏莒〔若參議任大輔者兼執奏莒至階下磬折〕〔大輔起座階上執奏莒置北頭研莒置南頭〕少輔執研莒相連進置讀奏人座前机上退降〔若參議任大輔者便復座見並執勘文至階下却座迎執〕各執勘文參上侍座一處執大臣并御斫勘文莒至階下磬折而立〔大少輔〕尋執置大臣及御机上〔大輔置大臣前少輔置御前若親王任卿者大輔置御前少輔置大臣前若參議任卿者以少輔行〕復座于時有勅其讀之被命者稱唯就讀奏座被唱讀隨讀且點其定不訖讀奏人復座大少輔進執讀奏幷硯筥退降（若參議任大輔者於階下授並復座）次執大臣幷卿筥如初儀訖而輔執勘文退下（若參議任大輔者並進至階下受也授訖復座）次大臣已下以退（若親王任卿者先退）唯正奏者留御所後日就藏人所々受々筥

五月五日觀馬射式

前一日所司供張（供張之儀所司存）於武德殿御座南一許丈北面設皇太子座又南去五尺許東西面（親王東面諸臣西面）設親王以下參議以上非參議三位已上座　其日未明中務省量尋常位於庭中兵部省量奉事位於埒東門南棭又東南去二丈許量兵部卿位南去一許丈量大輔位又南去一許丈量少輔位所司設御饌幷上下群饌如常節平明皇帝出宮就御座諸衛膳中儀

皆擇侍衛如常訖諸衛共著胡床　左近衛陣於殿庭前右及殿南邊西後右近衛
陣於殿庭前左及殿庭北邊西後左兵衛陣在左近衛陣東南差[illegible]退右兵衛陣在右近衛陣東北差退左衛門陣於埒東馳道南右衛門陣於埒東
馳道北　內侍臨南檻奏大臣大臣稱唯於左近仗南邊謝坐
謂殿南邊陣　昇自南面東階就座次皇太子昇自同階　若後參者
外南面西階　謝座謝酒着座　先立座後北面拜舞春宮采女一人把盞西面立太子右太子跪受采女跪授
少時大臣喚舍人二度舍人稱唯少納言　大舍人共候左衛門陣東代之
趍就版位大臣宣喚大夫等稱唯退出立大夫前
宣召親王以下五位已上稱唯入自埒東門西向北上異
位重行六位已下入自南門　見五位以上五六人入埒東門則入也　於立六位
已下幕東北面西上立定大臣宣侍座五位已上六
位已下稱唯一時共拜舞訖造酒正把空盞　經左近陣
北頭東跪授貫首者跪受訖親王已下共拜舞訖群
官趍各就座　外殿者外自東面南階　訖中務率內藥官內率典藥

竹蔵菖蒲机自埒東馳道進来到埒東門八許丈留

候闈司二人経右近東陣南頭分立埒西門南北掖大舎人　掖

一人進埒東門南邊北向立叫門闈司就版位奏云菖蒲

草（此間語漢女草）進（斜止）中務省官姓名等（謂輔已上）叫門故申勅曰令

闈司傳宣大舎人進共稱唯退出而省率寮司

舁蔵菖蒲机置庭中二省輔各一人留机後自餘皆退

出頃之中務輔就版奏曰中務省申久内藥司乃供奉

（禮流）五月乃（五日乃）菖蒲草進（樂辛止）申賜久（止）申訖退出次宮内

輔奏曰宮（宮内）内省奏久典藥寮乃奉（禮留）五月乃五日乃大給乃

菖蒲草進（樂辛止）申賜久（止）申（並元勅答）退出闈司還入而近衛

將曹各一人率近衛各一人令閉埒西門（通譯し時已被開仍令閉）大臣喚

内竪二聲内竪（各著當色）稱唯當右近東陣西立大臣宣

爰内藏寮稱唯出喚允以上一人入立前庭大臣宣進

流昌蒲草收稱唯退出寮〻舍人等從大舍人幕北徑
左近東陣南邊參入各就机處即稱笏取昌蒲机退出
女藏人等執續命縷 世間語藥玉 賜皇太子以下參議以上 女藏人當太子侍子西面而立太子起至初謝座處北面跪受藏人跪授
即還次授親王已下即随賜受取下自東南階出東南庭北上西面立定太
子佩之拜舞着次親王以下俱佩拜舞上殿 午赴内膳益供 上下層官趨居 大膳益賜皆如常
節其内藏寮取昌蒲出從南〻 奏一人四位一人五位各〻令馬子持續一枚納緋纈
騎長入埒出自東門在前四位就奏事位在後五位南
去二許丈平頭立執續随馬至奏 四位奏騎者官姓名五位奏馬可出國及毛色
左馬寮五位已上一人騎馬在官馬前而行 寮大夫者不在被奏例
馬度訖右馬寮五位以上一人在後而行奏事大夫還入
埒裏相次北度 四位在前五位在後 訖兵部卿大少輔騎馬列進 卿在前次大輔少輔各令持續〻与上同
各就行立位卿進就奏事位執續奏云
兵部省申〻久五月乃五日尓五位与利已上若干人等乃進

馬若干疋進（礼楽卒）申給久止申（無勅答）訖退大位大輔進就位
丞一人騎馬牽之馬進大輔執牘奏親王已下及五位
諸王四位諸臣以上姓名并馬色等其詞云其姓名我其
毛馬訖還本位少輔進就位奏五位諸臣姓名馬色等
比皆入埒北度（自上而出度）丞一人録二人史生一人數自両衛
門陣間取敍位還忽丞一録各一人率史生二人數自
埒中北度侍右兵衛陣東北側（謂埒西也掃部須立床子）記衛府馬
藝能不其取敍位還及丞録等自埒中度之後両近
衛将曹各一人率近衛各一人出自西埒（将曹将門左右停立）門東埒
門訖復閉西将門前還左近衛先懸的射之諸衛以次射
訖奏事大夫左右馬寮以次還訖合群臣馬競馳別遣
両近衛次将各一人向當其事兵部録一人史生一人内竪
人轉々奏録立右兵衛陣後史生立埒西北頭丞執牘

竪立庭中在馳道北邊奏訖兵部卿已下以次引還
雅樂寮奏音樂日暮上下群臣各於先拜處再拜退出
車駕廻宮　六日
早旦御武德殿警蹕侍衛如常諸衛無儀服殿上座
饌等具一則同式皇太子出入如常但大臣以下升降自
南東階又謝座謝酒等如常出入之道用内竪幕
北今日無六位以下座參議以上於上東廂北西面四位
以下於南廂北面東上先選左右馬寮減馬各十疋
令左右近衛騎之競馳當第三的南建標未到此標下定馬遲速
若持者給而更始大舎人寮用去年五位以上走馬一則負物寮欵
食充此日饌時左右衛左右兵衛等各着下儀騎馬度
充射五寸的次六的次爭種々馬藝次春宮帶刀
六人射五寸的或

仰内竪等一二人令試射（凡今日騎射言等与五日同）日暮廻駕

七月七日相撲式

先一日所司供張神泉苑御座東南八許尺鋪皇太子坐（西面）又東南差去鋪親王坐及大臣以下非参議三位一畳相対（親王西南面、大臣已下東北面）張相撲司幕於閣庭東西（去閣各十許丈、左右各三宇東西）閣東西一許丈張五位以上幕各一宇次六位以下幕各一宇次大膳職幕各一宇（並重行）当閣東階南去六許丈額置可立標之験又南去二丈許立可着三丈旗之杖（若当標東）右司与此相対此日早旦乗輿御閣御仗服中儀服警蹕侍衛如常儀御饌並群臣饌等辨備如五月節（相撲司大夫酒器各安其幕北頭）既而内侍臨東檻喚大臣大臣称唯於左近仗西頭謝座昇自東階着座次皇太子昇自同階謝座（与大舎人共候）謝酒着座少時大臣喚舎人二声称唯少納言（東簷上橋頭）

（24オ）

仗之趣立於中庭 去閤四許丈 北向而立 大臣喚大夫等稱唯東出
而喚之大夫稱唯 在西者送應在東 去聲相共稱之 經東西鉤臺邊入自相撲
司幕之南即立幕前北面異位重行 在東者用西為上 在西者用東為上 次
六位以下入立相撲司幕後北上東西面拜對着座如常
訖左右相撲司各在東西正門外奏乱聲即共參入且
行且奏音聲各近衛將監一人將曹一人 監曹人分頭相 對下並同 次兵
衛尉一人志一人次衛門尉一人志一人在標前行至閤庭
北向而立自中央分進標達之 各去標南 許丈而立 訖退還次相撲
司大夫等兩行參入 行列之儀 以貴為上 各當幕前北向而立即
立三大夫薄訖左司先奏獻辨訖大夫等着坐次右司
奏獻舞辨訖着坐即立合等各立幕北頭 差西進也右司 久相對 奏名着各坐
先出占手 甲四尺以下小童前一日於内裏量定長短 或有過四尺者當日不更令相撲以為負
幕南前奏籌者各二人坐其後右手勝則奏乱聲 不奏 辨

手勝奏乱聲及舞自斷之後左右手奏舞皆相撲人惣著
近衛兵衛合十七人白丁二人小童一人日暮上下群臣於先拜處拜退出楽
輿還宮
八日
日辰四點御紫宸殿仗服色御坐饌并群臣坐饌未
頒雜備如常事在前司式先是近衛次将令開長楽
永安門使前司鋪設之殿庭東西張相撲人幕各二
宇錐簷南向而撲司座各東西面此幕不設親王坐訖右右
近衛開並明門如常相撲司等參入及立標如七日儀
近衛少将以上先謝座謝酒訖著坐即相撲司等入列
立訖舞訖著坐須之有勅喚參議非參議三位以上
自東階上殿日暮拜退及相撲之儀与七日同皆日相
楽數著近衛兵衛十人白丁十人

(25オ)

九月九日菊花宴式

前一日所司設御座及参議已上并非参議三位已上座於神泉苑乾臨閣（其所司式）中庭東設五位已上座西設文人座南去閣若干丈（其所司式）構舞臺々南若干丈設女楽幄其日平旦中務具宣命位於尋常位北一許丈内蔵寮立文臺（鋪席皮之臺上居筆硯）既而皇帝御乾臨閣諸衛服上儀内侍臨東檻喚大臣皇太子着座及大臣令喚群臣等儀（謂次侍従已上）如常群臣座定式了令文人参入座前列立北面東上謝座謝酒着座内蔵寮賜筆墨研紙先是女楽須於南瀧殿候盖兩行楽舟渡訖閣前座奏楽訖皇太子避座次閣上群臣下自東階右近仗南去二許丈異位重行西面北上不外者各當座前立並拝舞訖座大蔵省積禄辨官奏

内記授宣命文於大臣若中納言以上外記進見參侍
従及文人夫名少將(時)大臣進宣命文侍従見參及文人夫
名内侍轉取令御覽訖大臣受應宣制參議已上一人
授宣命文復座上下群臣避坐如初宣命大夫下階
依宣制曰天皇(我)詔旨(止)(良万)宣(不)大命(乎)衆諸聞食(止)宣
宣群官稱唯再拜訖曰今日者九月九日(乃)菊花豊樂
聞食日(尓)在故是以御酒食(倍)恵良伎退(止)爲(弖奈)(毛)常(毛)
賜酒幣(乃)大物賜(止久)宣群官拜儛賜禄有差其文
人者後日定第更復賜禄或时不必爲也

十一月進御暦式

朔日中務率陰陽寮候延政門外(御暦函置案 机酒暦函櫃)大舍人叩門
闈司就版奏云御暦進(止)(牟)中務省官姓名(以上)(謂轄)叩門
(尓)申勅曰令申闈司傳宣云令姓名申中務率陰陽

擧机參入安庭中退出中務輔留奏進其詞云中
務省申久陰陽寮乃供奉(礼流)其年乃御暦天人給暦進(楽乎)
申給止久申(無勅答)闈司二人入自左掖門持御暦机安簀子
數上即内侍持函奉覽闈司便候南階西下(他皆放此)御覽
訖闈司却机安本處退出侍臣喚内豎(大舍人 舊例喝)内豎
稱唯立東庭侍臣宣喚少納言稱唯出喚之少納言
入自日華門(内豎同用此門)立東庭侍臣宣進(留礼)暦太政官(亦給部)
稱唯令内豎荷暦櫃給大臣

月奏御宅田稲数式(盛)

中丑日宮内省侍奏文(盛函安机上)候延政門外大舍人叫門
闈司就版奏云御田苅事申賜(止牟)宮内省官姓名(謂輔以上)
叫門故(亦)申勅曰令申闈司傳宣云令姓名申宮内省
机進安庭中轉以上一人留奏云内國仕奉(留礼)三宅

石于町苅得稲若干束去年以往古稲若干束
合若干束仕奉〔礼/留〕事〔乎〕申賜〔久〕止申〔無勅/答〕退出闈司
二人入自在校門執安筥子數上内侍取進奉覧訖
闈司各持机安庭中内豎進持机出給肴

十一月新嘗會式

某日遲明　皇帝廻自神嘉殿祭御殿訖〔如橡舊例神祇官及/御巫等祭殿畢更参〕
此注也
入自宣陽門於南庭賜禄大同年中於内蔵寮賜之始自弘仁八年
於宣陽殿東南參議以上一人専當〔令中務丞唱名賜之〕訖當日華
門側西面拜舞〔退出但御坐拝送内侍云々〕　大臣陣參入小齋陣相替退出〔大臣入日月/華門小齋相〕
替出集〔宮内〕両司預以供張於豊樂院小齋親王以下參議
非參議三位以上座設殿南廂〔北面/西上〕自餘与正月七日儀同
〔群臣參入給物等/以小齋者為先〕中務丞宣命位於尋常位北一許丈既而
一刻駕輦豊樂院諸衛服中儀〔乘輿近前小齋/陣次大臣陣〕皇帝御豊

外殿左右近未訖南庭陣（大齋先就陣次小齋就陣在大齋北並居胡床未御之前預立之）内侍
臨東檻喚大臣即到右近陣西頭謝座訖登自東階
着座（外殿者皆用此階）次皇太子登自同階到座東而西面謝
座謝酒着座前司開儀鸞豊樂等門訖闈司二人分坐
逢春門南北（掃部寮預設座与正月七日同）大臣喚舍人二聲舍人共稱唯少
納言入自逢春門就敍位大臣宣当大夫等稱唯出喚之親王
已下稱唯（小齋者先發聲羣臣相兼他皆放此）小齋親王已下參議及非參議三
位以上一列自儀鸞門東扇（若無小齋親王者小齋參議非參議三位以上先入又今日小齋不論高下皆着青摺袍）
門諸仗興次大齋親王已下參議非參議三位以上參入（並用東扇）
次小齋大齋五位以上東西分頭參入（小齋用西扇大齋分用東西扇但神祇官為上）
異位重行（各北面小齋親王以下參議非參議三位以上一列在前東者用西為上西者用東為上）惣立定大臣宣侍
座共稱唯謝坐訖造酒正把空盞（便用外殿者盞也）来授貫首人（方貫首早授小第一人也）
更還却二三丈許北面立親王已下再拜訖以次

王訖以小齋為先諸衛共坐益供御饌之比起居寺元會同凡升東西堂者諸王
五位已上及諸臣四位用第二階餘用第三階内膳司益
供御膳主膳司益供東宮膳大膳職益送群臣饌餾行
一兩周吉野國栖於儀鸞門外奏歌笛進御執訖大歌別當
入率歌者參入就座々定奏大歌舞五節或於殿上舞其不必構舞臺其
工人前奏一行下自西階並南面數上而行升臺導引
姫四人以上南行在前到舞臺階下東西分坐掃部寮預設草墩於
階東西頭舞訖齊參議及非參議三位以上及在西堂小齋
五位以上先避坐下階立升殿者下殿自左近陣南三丈更西折一丈西面北上不升殿者立臺前去臺一丈
大齋親王已下放此之次皇太子先避坐或令小齋大夫等三兩人令奏倭儛訖治部雅樂
寮工人等參入奏立歌或有勅停之掃部寮立禄臺於庭
中大藏省量禄辨官奏其數其詞云絹若干綿若干進止申少時
□□進宣命文及禄法并見參大夫等數内侍轉取

（28オ）

覧訖大臣簡堪宣命之參議已上一人授宣命文
受即復座群臣避座訖儀与宣命大夫下自殿就位
宣制云天皇我詔旨良万止宣不大命乎衆聞食止用宣皇
大子已下稱唯再拜更宣云今日波新嘗乃直相乃豊
樂聞食日尓在故是以久黒汝白乃汝御酒赤丹乃穂尓食
惠良汝罷上為呂奈毛常毛賜御物賜久上宣倶以次稱唯小齋先被
自衆和年中皇太子先稱次小齋次大齋倶儛蹈訖賜祿如正月七日儀某小
齋人等更集宮内省解齋如常

月進御藥式

晦日中務省率内藥司宮内省率典藥持齎御藥
及人給藥机候延政門外大舍人叫門日月閤司就版奏云
御藥進年止中務省官姓名等叫門月日故尓申勅日令申闈
侍宣云令姓名等申中務卿輔率内藥官人醫生木

(28ウ)

盛

御薬机畳殿庭宮内省同畳南省可奏事者各一人
留立机後自餘皆列出中務先進就版奏云中務省申久
内薬司乃供奉礼流元日乃御薬又臘御薬進良久手申給久止
申次宮内奏云宮内省申久典薬寮乃仕奉礼流人給白散又
薬様進良久手申給久止申並無勅答訖罷内薬更参入持薬進
上侍所（殺曽生不足者 内竪相持居）内薬使受居様漬御井元日元旦就
内侍取机盛着様入左近衛陣側安畳庭中退出（尚）
薬供御先賜少年訖内薬司進奉机毛内侍二三日
灸同賜医生以上物各有差

十二月大儺式

晦日夜諸衛依時尅勒所部（屯）諸門近仗陣階下近衛将
曹各一人率近衛（左近衛五人 右近衛四人）開承明門先共北面立門内壇下
宣已登階開之（将曹 尚立）訖引還闈司二人出自紫宸殿西

天〻左右大舎人未叫門之先闈司二人持桃弓葦矢木工寮作備之
外自南階授内侍即班給女官大舎人叫門闈司就版奏云
儺人等率〻参入止某官姓名等謂親王以下参議以上叫門故尓
申勅曰万都理礼闈司傳宣云令姓名等参入中務省
率侍従内舎人大舎人等各持桃弓葦矢陰陽寮率
陰陽師齋郎其數具所司式執祭具方相一人取大舎人長大者為之著假
面黄金四目玄衣朱裳右執戈左執楯侲子廿人取官奴等為之
皆著紺布衣朱抹額共入殿庭列立陰陽寮齋郎
奠祭陰陽師跪讀呪文訖方相先作儺聲即以戈
擊楯如此三遍羣臣相承和呼以逐悪鬼各出四門
方相出北門至宮城門外京職接引鼓譟而逐至郭外
而止

(29ウ)

弘仁十二年正月丗日

（30オ）

（30ウ）

内裏式下

叙内親王以下式　任官式
任女官式　詔書式

叙内親王以下式

皇帝未御紫宸殿々前掃部寮立漆案於南廂
当時、座 皇帝既御也内侍置位記筥於大臣之座前 掃部寮預立案
即臨東檻喚大臣大臣称唯昇座大臣喚内竪二声内竪立
称唯入立東庭大臣宣喚中務称唯出喚之輔已上入
自日華門 出亦用同門 立東庭大臣宣参来称唯卿先昇
受三位已上位記筥置於案上退下次輔昇置五
位以上筥於同案退下次大臣退下内侍率可被叙
者列南廂北上東面異位重行内侍臨東檻喚中務 入自宣仁
門候左近陣 称唯卿先昇叙之退下 出自宣仁門輔亦同 次輔昇叙之退下

(31オ)

其被叙者隨叙北面東上立南拜列還如入儀訖掃部
舁却案

任官式

辨官式部兵部率應任者候兼明門外（兼明門宣陽門臨時使用唯入自宣陽）
（門近仗不服儀服）參議已上共侍殿上少時近仗服中儀服陣階
下開司開兼明延禮門闈司分居兼明門左右大臣（若無）
（大臣若中納言亦得）喚舍人舍人共稱唯（若無用長樂門亦如此）即少納言進
就版位大臣宣辨官（乎）式部兵部（ホ）給歷名（立）令候人等
率（立）參來（上）宣（閑）少納言稱唯退出傳宣辨官稱唯親
王東西相分先入立（應任文官者東應任武官者西文參議以上不在唱計之限）少納言弁官二省
卿輔率五位已上並錄率六位以下左右相分參入
錄行且正容儀二省兼各持版位一枚羣立南廊・（若用）
（長樂門兵部率可被任者度馳道列立）五位以上異色重行大臣喚式部兵二省

（式部稱唯／復還兵部）卿若輔稱唯俱趍立東廊式部先昇自東
階大臣揔以降自付卿受下自階以輔可唱之除目付
輔次兵部同前俱復本所訖大臣宣唱之執除目者俱
稱唯式部卿唱並名稱唯卿云叙位置之稱唯兵部
（復）然　二省並各一人持版位俱進夷尋常叙位南三丈
拜置之（左右相去各三丈就中爵右／貴者就之餘各者量列立）訖杷笏復本所式部卿就
尋常叙唱之親王稱唯叙位（其有不參者／録代稱唯）卿復本列而
出　親王舞拜輔復就版唱之（若有參議已上兼國／者先唱之不複國次）被唱者進
就位列此面以東西為上唱訖弁官雨捕等引出如入儀（兵部）
（亦同）訖右右被任者俱拜舞退出二省並進取版出若同日
叙位任官者叙位訖俱退出所司更寧應任者參入行事
知常其大臣者以宣命任不更用此式（參議已上或／宣命任之）其儀開門
即大臣（若無大臣者中／納言已上[illegible]事）於殿上喚舍人稱唯少納言入立

大臣宣召刀祢少納言稱唯出傳宣式部率刀祢入五位以上入衆明門列殿庭六位已下入自建禮門列衆明門外次應任者參入先是大臣以宣命文奉覽訖至此喚堪宣命者自參議已上一人在庭上之列稱唯昇自東階受宣命文就位若有大臣遷轉者行事畢下自東階就列宣命大夫立東廂待大臣就列而後進就版宣制云天皇我詔旨上良万勅命乎親王諸王諸臣百官人等天下公民衆聞食止上宣刀祢共稱唯再拜更宣云食國之法止定賜部留國法隨先立先立止其姓名乎其官任賜久上勅布天皇大御命乎衆聞食止上宣此時變改無定之詞刀祢等共稱唯再拜退出訖被任者拜舞退出其親族者於日華門以東拜舞

任女官式

侍臣於殿上喚中務宣補任將參來卿先侍殿上大輔執補任筥少輔執硯筥昇殿卿傳執補任筥大輔

執硯莒少輔退降勅曰将參来卿稱唯進奉覧少
退侍御筆點定可任者賜卿就本座書除目訖納
莒竢候　勅曰将參来卿稱唯進奉覧勅曰令唱卿
稱唯復本坐授大輔少輔昇執硯莒訖以次退降候
陣側輔執計名（卿書除目闈大輔書之　若無大輔卿便書之）授檢内侍頒令點檢
少時内侍率可任者（初出之間在先率之　坐之時居同位上）列坐南廂西第一間東
面北上異位重行闈司坐寂下訖内侍（謂剖道之外）臨檻召中
務侍陣輔稱唯昇堂御坐侍立於簀子敷上唱之
（若有不參者國　同代稱唯之）被唱之人稱唯進簀子敷上當南廂西第三
間北面東上侍列坐之事一同初儀其夫人以上者不
在唱任之例訖輔退降次被任人自下退出唯典侍已
上列留再拜而退

詔書式

内記作詔書〈式自内裏作内記令／作或大臣奏勅令作〉納言令参議以上若内侍進
御所御書日訖置殿上机上〈掃部寮預／立漆案〉而退下須臾参
議以上一人升殿喚内豎召中務省輔唯出〈自日／華門〉喚輔以
上一人自左掖門就版〈若有雨水進自南廂立兼明／門内東第二間他皆放此〉勅曰参来称唯
升自南階立簀子敷〈当御／前〉勅曰書賜〈礼〉称唯進取勅
書旨退出〈用同／門〉既而御書日者留為案別写一通印署
送太政官大納言覆奏書可〈詔書尽可論／奏等書聞字〉訖留為案更写
一通施行〈須写所行更不写一通書可字者／附弁官令施行畢即収外記〉

弘仁十二年正月卅日

正三位守右大臣兼行左近衛大将臣藤原朝臣
中納言従三位兼行左衛門督陸奥出羽按察使良峯朝臣安世
権中納言従三位兼行春宮大夫左兵衛督臣藤原朝臣三守
従四位下行中務大輔臣朝野宿祢鹿取

皇后宮大夫従四位下兼行近江守臣小野朝臣岑守
文章博士従五位下行大内記臣桑原公　腹赤
従五位下行大内記臣滋野宿祢　貞主

内裏式雖栺曉之躅往日既定而折旋之儀須年頗革或
有節會供張出入門闈従記旧時未着新変者　聖上
鑒其踳雜期通斟酌随宜取捨先析廻詔臣等四人令綴
緝尋謹　稟裏旨詳加增損刊繆補闕繕寫甫訖

天長十年二月十九日

正三位守右大臣兼行右近衛大将臣清原真人夏野
権中納言兼右近衛大将従三位行春宮大夫臣藤原朝臣吉野
従四位下右近衛少将兼備前権守臣紀朝臣　長江
従五位下行大内記臣春澄宿祢　善縄

（34オ）

（34ウ）

裏表紙

参考図版

包紙の上書

尊経閣文庫所蔵

『内裏式』解説

西本　昌弘

はじめに

弘仁十二年（八二一）正月に撰進された『内裏式』は現存する最古の儀式書の一つで、平安時代初期の宮廷儀式の実際を伝える貴重な史料である。類似した書名をもつ『内裏儀式』との関係については議論があるが、『内裏式』が最古級の勅撰儀式書であることについては疑いを容れる余地がない。

『内裏式』は上中下の三巻からなり、上巻には正月の恒例儀式六編、中巻には四月から十二月までの恒例儀式十三編、下巻には臨時儀式四編が収録される。各巻所収の編目は次の通りである。

〔上巻〕元正受群臣朝賀式并会、七日会式、八日賜女王禄式、上卯日献御杖式、十六日踏歌式、十七日観射式

〔中巻〕奏成選短冊式、賀茂祭日警固式、奏詮擬郡領式、五月五日馬射式、五月六日馬射式、七月七日相撲式、七月八日相撲式、九月九日菊花宴式、十一月進御暦式、十一月奏御宅田稲数式、十一月新嘗会式、十二月進御薬式、十二月大儺式

〔下巻〕叙内親王以下式、任官式、任女官式、詔書式

『内裏式』の古写本には、宮内庁書陵部所蔵の九条家本A・九条家本B、尊経閣文庫所蔵の前田家本などがある。九条家本A・Bはともに中巻のみを残す巻子本一軸で、鎌倉時代の書写にかかる。これに対して前田家本は、室町時代後期に書写された一冊本であるが、上中下を完備する点で貴重であるのみならず、『内裏式』本来の序文を残している点にも大きな価値を認めることができる。

このたび、『尊経閣善本影印集成』第七輯「平安鎌倉儀式書」の一冊として、『内裏式』の古写本が集成刊行されることになった。『内裏式』の本文校訂をさらに進める上で、本書の果たす役割は大きいであろう。この機会に、これまでの研究を踏まえながら、『内裏式』の編纂過程と古写本の概要についてまとめておきたい。

一　書名

のちに詳しく述べるように、前田家本『内裏式』には「皇上以禁中礼式節文未具」という一節を含む序文が、完全な形で残されていた。従来は文意不通の箇所が多く、その核心を読み取ることができなかった序文の意味が、前田家本を参照することで理解可能となったのである。前田家本『内裏式』の序文や修訂識語によると、『内裏式』の編纂と補訂は以下のように行われた。

嵯峨天皇は「禁中礼式の節文」が「未だ具さならず」（いまだ不十分なので）、儀式を執り行う者に混乱が生じているとして、右大臣藤原冬嗣らに命じて、これを「條定」（順序立て定めること）させた。冬嗣らは「新見を抄摭、舊章を採綴」し、天皇の判断をも仰いだ上で、恒例・臨時の儀式を三巻に「勒成」し、弘仁十二年（八二一）正月三十日にこれを撰進したという。

その後、折旋の儀（曲折や周旋のさいの作法）に大きな変更があったこと、あるいは節会の供張や出入すべき門闈が新制に改まっていないことなどを理由に、淳和天皇は右大臣清原夏野・権中納言藤原吉野・右近衛少将紀長江・大内記春澄善縄らに命じて、増損・補訂させたところ、天長十年（八三三）二月十九日に繕写がなり、修訂を終えることができたというのである。

序文にみえる「禁中礼式」とは内裏における儀式をさし、『内裏式』という書名と同義である。「禁中」「内裏」はともに天皇の居所を意味し、転じて天皇自身をも内裏というから、『内裏式』とは要するに天皇の儀式のことで、天皇および天皇に近侍する官人の儀式書というのが本来の意味であろう。御所の記録を担当する大内記が、弘仁十二年の編纂時と天長十年の修訂時にともに参加していることも、『内裏式』が天皇周辺の儀式を定めた書であったことを示している。

実際、『内裏式』には天皇の所作や勅答をはじめ、女官・近衛・少納言など侍候官の儀礼がよく記述されている。それゆえに、『内裏式』はその後、節会や行幸の際には蔵人によって奉持され、天皇の御座の傍らに置かれて、儀礼の参考に供せられた。『貫首秘抄』には、執柄・職事官はよく主上の作法を知り、幼主に教訓を与えるために、『寛平御記』『二代御記』『内裏式』『寛平御遺誡』をつねに参照せよとあるが、『内裏式』が御記に準ずる扱いを受けていることが注目される。

二　編者

『内裏式』の序文と上中下各巻の末尾には、嵯峨天皇の命を受けて編纂にあたった人物名が列記されている。それら編者の肩書を以下に書き上げ、その出自と経歴を確認しておきたい。

①正三位右大臣兼左近衛大将藤原朝臣冬嗣

藤原冬嗣（七七五～八二六）は北家の右大臣藤原内麻呂の第二子で、母は桓武天皇の女孺百済永継である。大同元年（八〇六）五月に従五位下となり、皇太弟神野親王の東宮大進・亮を歴任した。弘仁元年（八一〇）三月に初代の蔵人頭に任じ、翌年正月に参議に昇った。その後、権中納言・大納言などをへて、弘仁十二年正月に右大臣となった。ときに正三位で左近衛大将を兼ねた。「才は文武を兼ね」といわれ（『公卿補任』弘仁二年条）、藤原氏子弟のために勧学院を建てた。『内裏式』以外に、『日本後紀』『弘仁格式』の編纂を主導している。

②従三位中納言兼左衛門督陸奥出羽按察使良岑朝臣安世

良岑安世（七八五～八三〇）は桓武天皇の皇子で、母は女孺百済永継である。藤原冬嗣の異父同母弟ということになる。年少時は狩猟や騎射を好んだが、成人して『孝経』を読み、学問を志した。延暦二十一年（八〇二）十二月、良岑朝臣の姓を賜り、右京に貫付された（『公卿補任』弘仁七年条、『新撰姓氏録』良岑朝臣条）。大同四年（八

○九）に従五位下に進み、弘仁二年（八一一）二月に蔵人頭となる。弘仁七年十月に参議となり、同十二年正月に中納言に昇った。『内裏式』以外に、『日本後紀』『経国集』の撰進にも参加している。

③従三位権中納言兼春宮大夫左兵衛督藤原朝臣三守

藤原三守（七八五～八四〇）は南家の阿波守藤原真作の第五子で、母は御井朝臣氏と伝えられる（『公卿補任』弘仁七年条）。この母は神野親王の乳母であった可能性が高い。三守は若くして大学に入り、五経を学んだ。皇太弟神野親王の主蔵正として仕え、大同四年六月に従五位下となり、弘仁二年二月、良岑安世とともに蔵人頭に任ぜられた。同七年十月には参議となり、同九年六月に東宮大夫を兼ね、同十二年正月に権中納言に昇任した。嵯峨天皇の尚侍藤原美都子は三守の同母姉で、藤原冬嗣の室となった。また、嵯峨天皇の皇后橘嘉智子の姉安万子が三守の室であった。嵯峨天皇と冬嗣・三守の三人は縁戚関係で強く結ばれていたことがわかる。三守は『内裏式』のほか、『弘仁格式』の編纂にも関与した。

④従四位下中務大輔朝野宿禰鹿取

朝野鹿取（七七四～八四三）は大和国の正六位上忍海原連鷹取の子。幼くして大学に学び、史漢と漢音に通じた。延暦二十三年（八〇四）に遣唐准録事として入唐した。小野岑守・菅原清公・坂田永河らとともに神野親王の侍読となる（『日本文徳天皇実録』天安元年十月丙子条）。弘仁二年正月、天皇在藩中の侍講であったことを理由に、従五位下に叙せられた。その後、内蔵頭・兵部大輔をへて、弘仁十二年正月に中務大輔に進んだ。能吏として知られ、大歌をよくした（『続日本後紀』承和十年六月戊辰条）。『内裏式』以外に、『日本後紀』の編纂にも加わった。

⑤従四位下皇后宮大夫兼近江守小野朝臣岑守

小野岑守（七七八～八三〇）は征夷副将軍小野永見の第三子。朝野鹿取らとともに神野親王の侍読をつとめ、のち春宮少進としても仕えた。大同四年四月に従五位下。弘仁十一年正月に阿波守兼治部大輔、翌十二年正月に皇后宮大夫となり、二月に近江守を兼ねた（『公卿補任』弘仁十三年条）。弘仁五年頃、嵯峨天皇の命を受けて、菅原清公・勇山文継らとともに『凌雲集』を撰進して序文を書いた。『内裏式』以外に、『日本後紀』の編纂にも参加している。

⑥従五位下文章博士兼大内記桑原朝臣腹赤

桑原腹赤（七八九～八二五）は大和介桑原秋成の子。『凌雲集』に文章生・相模権博士として二首を収め、弘仁九年には従七位下少内記兼播磨少目として『文華秀麗集』の撰述に参加した。弘仁十二年正月に大内記として『内裏式』の編纂に加わったのち、翌年には弟貞継とともに上請して都宿禰に改姓した（『日本文徳天皇実録』仁寿二年五月戊子条）。

⑦従五位下大内記滋野朝臣貞主

滋野貞主（七八五～八五二）は尾張守伊蘇志家訳の子。延暦年中に滋野宿禰に改姓した。大同二年に文章生、弘仁二年に少内記となり、同六年に大内記に転じた。弘仁九年には従六位下大内記として

『文華秀麗集』の撰集に参加した。弘仁十二年正月に従五位下に昇る。天長四年（八二七）には『経国集』を編纂して序文を書き、同八年には勅により諸儒とともに『秘府略』千巻を編んだ。

以上のように、『内裏式』の編纂にあたった七名のうち、藤原冬嗣・良岑安世・藤原三守の三人は嵯峨天皇の側近中の側近といってよく、朝野鹿取と小野岑守は嵯峨の親王時代からの侍読であった。残る桑原腹赤と滋野貞守は文章生出身の文人官僚で、ともに大内記をつとめていた。要するに、嵯峨天皇に長く仕える側近官人、入唐経験もある学識豊かな文人官僚、および内裏の記録を主管する大内記らの力を結集して、天皇の儀式書たる『内裏式』が編纂されたのである。撰進の日付けは弘仁十二年正月三十日であるが、小野岑守が近江守を兼ねたのは二月のことであったから、最終的に天皇に奏進されたのは、二月に入ってからのことであろう。

嵯峨天皇は弘仁九年に詔書を出して、天下儀式・男女衣服・五位已上位記を唐法に改めた（『続日本後紀』承和九年十月丁丑条）。この年には旧来の跪礼・拍手礼に代わって立礼・舞踏礼が採用され、平安宮の殿閣門号も唐風に改号されて、華やかな新額が掲げられた。弘仁十二年に撰進された『内裏式』は、弘仁九年から導入された新儀礼や新殿門号を明文化することで、嵯峨による唐風化政策を式文中に定着させる役割を果たしたということができよう。『内裏式』の編者はいずれも漢籍・漢学に通じ、『日本後紀』『弘仁格式』や勅撰漢詩集の撰進にも関わった。これらの編纂事業全体が嵯峨朝における唐風尊重の潮流を物語るものであった。

三　前田家本

尊経閣文庫所蔵の前田家本『内裏式』は、上中下を一冊に収める袋綴装冊子本で、法量は縦二五・六㎝、横二〇・七㎝である。薄茶色表紙の左上に外題を「内裏式」と墨書する。本文料紙は楮紙で、墨付は全三十四丁、最初と最後に遊紙各一丁をはさむ。奥書は存在しないが、筆跡・料紙などからみて、室町時代後期の書写と考えられる。

包紙の上書は中央に「内裏式　一冊」と墨書し、右上隅に「續乙部至内部」の墨書、さらにその右上に「古本中」の朱書が記される。少なくとも右上隅の墨書と朱書は別筆である（参考図版参照）。

以下、前田家本『内裏式』の特徴を、上中下の各巻に分けて、詳しく紹介することにしたい。

（1）上巻

上巻には序文・目録と正月恒例儀式の式文六編を収める。墨付は十八丁である。半丁に十三行、一行に二十～二十二字前後の字詰をもち、なかには二十五字・二十六字を書き入れる行もある。第一丁オモテから紙面上部の両隅と上部中央やや右下に虫損部が存在し、この虫損部は上巻の末尾にかけて次第に広がってゆく。

前田家本に記される「内裏式序」は次の通りである（傍点は筆者）。

内裏式序
蓋儀注之興其所由来久矣所以指
喩人納于軌物者也皇上以禁中礼式
節文未具覧之者多岐行之者滋惑乃詔
正三位守右大臣兼行左近衛大将臣藤原朝臣
（この間の人名省略）
等令條定焉於是抄摭新見採綴舊章原始要
終緝斯朝憲取捨之且〔宜〕断於天旨起自元正訖
季冬所常履行及臨時軍國諸大小事以類區
分勒成三巻庶其升降之序降殺之儀披文
即脱臨時靡滞各修厥職守而弗忘象闕書
義近於此、

ここにあげた序文は、享和三年版本・群書類従本（版本・刊本）・新註皇学叢書本・新訂増補故実叢書本・神道大系本などに翻刻された「内裏式序」とは異なるものであるが、これら版本・刊本の「内裏式序」は、江戸時代の故実学者壺井義知が享保七年（一七二二）に推量によって補った文字を含んでおり、本来の「内裏式序」を伝えるものではない。

江戸時代の初期から前期にかけて書写された『内裏式』写本には、多くの欠失部をもつ「内裏式序」が書き残されている。たとえば宮内庁書陵部所蔵の鷹司家本『内裏式』上（二六六―五四八）にみえる「内裏式序」は次のようである（数字は筆者。鷹司家本は親本の破損部を空白で示すので、破損字数は空白の広さから推測したものである）。

内裏式序
[1]□儀注之興其所由来久矣所以指
□人納于軌物者也皇上以[2]□□□□
節文未具覧之者多岐行之者滋惑乃詔
正三位守右大臣兼行左近衛大将臣藤原朝臣
（この間の人名省略）
等令條定焉於是抄摭新見採綴舊章□□[3]
終緝斯朝憲取捨之宜断於天旨起[4]□[5]□正訖□
季冬所常履行及臨時軍國諸大小事以類區
分勒成三巻庶其升降之序降殺之儀披文
即脱臨時靡滞各修厥職守而弗忘象闕書
義近於此、

このように、鷹司家本は序文の各所に空白部をもち、破損の進行した親本に依拠して書写されたことがわかる。一方、国立公文書館内閣文庫所蔵の日野家本『内裏式』（一四四―一八五）、宮内庁書陵部所蔵の柳原家本『内裏式』（柳―六九九）、神宮文庫本『内裏式』（七門―一〇一九）などは、「内裏式序」の様態を詳しく描写し、虫損部の輪郭と文字の残画まで書き写している。それによると、1には「蓋」、3には「要」と認められる文字が記され、2・4・5にはそれぞれ文字の一部「木」「冖」「儿」が描かれている。これらの文字

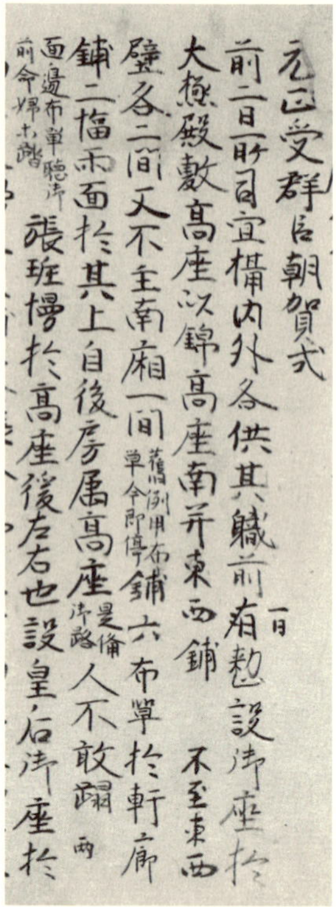
元正受群臣朝賀式
前二日所司宣構内外各供其職前一日整設御座於
大極殿敷高座以錦高座南并東西鋪　不至東西
壁各二間又不至南廂一間 舊例用布單令郎傳 鋪六布單於軒廊
鋪二幅両面於其上自後房属高座 是備御路 人不敢蹋 西
面邉布單聴御前令婦人踏 張班幔於高座後左右也設皇后御座於

図1　前田家本『内裏式』上（第二丁オモテ）（本文九頁）

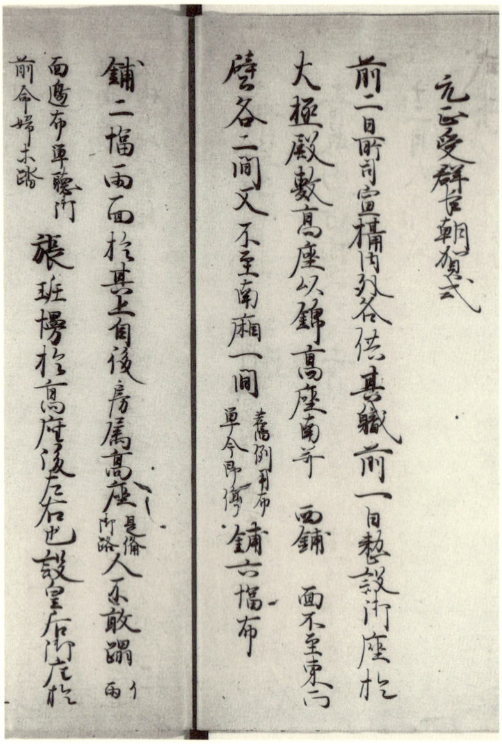
元正受群臣朝賀式
前二日所司宣構内外各供其職前一日整設御座於
大極殿敷高座以錦高座南并　西鋪　西不至東□
壁各二間又不至南廂一間 舊例用布單令郎傳 鋪六幅布
鋪二幅両面於其上自後房属高座 是備御路 人不敢蹋 西
面邉布單聴御前令婦人踏 張班幔於高座後左右也設皇后御座於

図2　鷹司家本『内裏式』上（第三丁ウラ・第四丁オモテ）（宮内庁書陵部蔵）

や文字の残画は前田家本の「内裏式序」にみえる文字とよく一致しており、「木」は「禁」、「亠」は「自」、「儿」は「元」の一部をそれぞれ示すものと考えられる。前田家本「内裏式序」にみえる「禁中礼式」「原始要」「自元」などの文字は、鷹司家本「内裏式序」の空白部に入る字数としてもふさわしい。これらの点からみて、前田家本「内裏式序」の記載に不審な点はなく、前田家本には本来の「内裏式序」がほとんど無傷で残されていたことになろう。

　序文以外の前田家本上巻の特徴は以下の通りである。「内裏式序」のあとに、「内裏式上」「式中」「式下」として各巻の目録を一括列記する。ヲコト点や朱書は一切なく、弘仁十二年の編者署名と天長十年の修訂識語を付す。弘仁撰者名は姓名とも記すが、最初の藤原冬嗣のみ「冬嗣」の名を欠く。こうした特徴は鷹司家本の上巻と同じで、それ以外の本文の字句も鷹司家本の記述と一致するところが多い。

　さらに注目すべきは、前田家本の本文中にみえる空白部の様相が鷹司家本と類似していることである。図1と図2は前田家本と鷹司家本の元正受群臣朝賀式の冒頭を対比的に示したものであるが、両者は一行の字詰が一致するのみならず、前田家本が三行目に、

　高座南并東西鋪□□不至東西

と記すところを、鷹司家本は、

　高座南并□西鋪□面不至東□

と書いている。前田家本の「東西」「鋪□□」「東西」が、鷹司家本

ではそれぞれ「□西」「鋪□面」「東冂」と表記されているのである。一つ目と三つ目では鷹司家本の方が破損が進行しており、二つ目では前田家本の方が破損が進んでいるようにみえる。

ただし、前田家本の四行目には「鋪六布單於軒廊」とあるが、鷹司家本は「鋪六幅布」まで書くのみで、「單於軒廊」の四字を空白にしている。鷹司家本の段階にはこの四字が破損していたことになる。また、前田家本の五行目行末は「□兩」であるが、鷹司家本は「亻兩」と記す。両本の親本ではこの箇所は破損していたが、鷹司家本は親本に存在した残画を忠実に写しているのであろう。

以上の事実から総合的に判断すると、前田家本と鷹司家本とは類似した様相の空白部をもち、鷹司家本は親本の破損部に遺存した残画を考慮して文字を復元しているが、前田家本はそうした努力を行っていないため、前田家本にのみ空白部が存在する場合もあるのであろう。前田家本はやはり鷹司家本よりも破損の少ない親本に依拠したようで、数少ない破損部は鷹司家本にも継承されているが、鷹司家本はさらに親本の破損文字を残画から復元しようとしているのである。「内裏式序」にみられた両本の類似性をも勘案すると、前田家本の上巻と鷹司家本の上巻には親本に遡る共通性があると結論づけることができよう。

（2）中巻

中巻には四月から十二月にいたる恒例儀式の式文十三編を収める。墨付は十二丁、字詰は半丁十三行、一行十九～二十二字である。ヲコト点や朱書は存在しない。上巻冊首からつづく紙面上部の虫損部は中巻にも連続し、中巻の前半部分でもっとも大きくなる。

前田家本自身の虫損以外に、前田家本の親本には破損部があったようで、中巻の冒頭部分には虫損を示す空白部が多くみられる。とりわけ第十九丁オモテからはじまる奏成選短冊式の三行目行頭に二字、八行目行頭に五字、十一行目行末に三、四字、十三行目行頭から断続的に四文字、十四行目行末に一字の空白があり、賀茂祭日警固式の六行目行頭から断続的に四、五字の空白が認められる。前田家本は親本に存在した虫損部を空白部や「ミミ」「丶」などの文字によって示している。こうした破損部は十行前後の間隔をあけて第二十一丁オモテまでみえている。中巻の冒頭部付近には破損が著しく進行した箇所があったことが推測できる。

前田家本の『内裏式』中巻は、後述する九条家本『内裏式』とはやや異なる本文をもっている。九条家本Aは中巻冒頭の目録に「奏鈴擬郡領式」と書き、「七月七日相撲式」という編目名を二つ掲げるが、前田家本は正しく「奏銓擬郡領式」と書き、「七月七日相撲式」の次は「相撲式」とだけ記す。また、前田家本の中巻末尾には「弘仁十二年正月卅日」とあるのみで、九条家本A・Bにみえるような弘仁撰者名を欠いている。

さらに、前田家本の十一月進御暦式には「自承和十年」ではじまる割注がなく、十一月新嘗会式でも「自承和年中」という記述を含

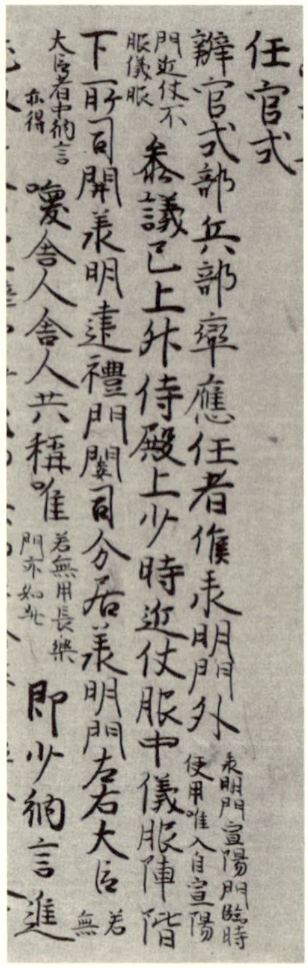

図3　前田家本『内裏式』下（第三十一丁ウラ）〔本文六八頁〕

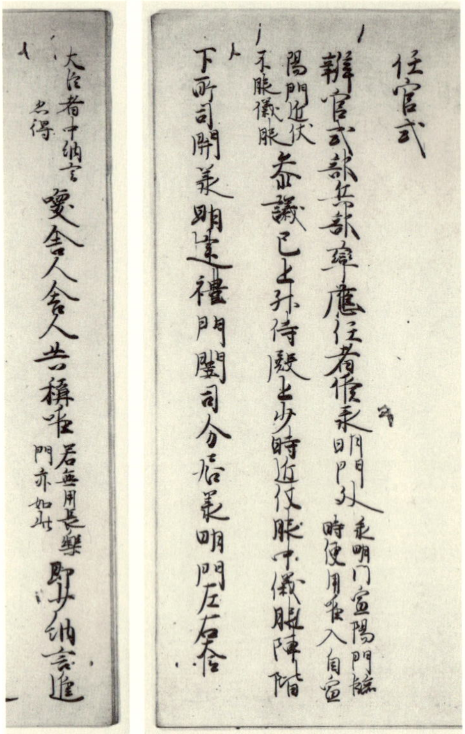

図4　鷹司家本『内裏式』下（第二丁オモテ・ウラ）〔宮内庁書陵部蔵〕

む三つの割注のうち、はじめの二つを欠いており、これらの点も九条家本A・Bとは異なる。したがって、前田家本の中巻は九条家本A・Bとは別系統の本文をもっているといえる。鷹司家本の中巻は九条家本Bを書写したものなので、前田家本の中巻は九条家本系とは異なる独自の本文を伝えるものとして貴重である。

（3）下巻

下巻には臨時儀式の式文四編が収められる。墨付は四丁、字詰は半丁十三行、一行十八字～二十二字である。紙面上部の虫損はやや小さくなりながらも存続するが、下巻の場合、文字の書き出しが若干下がっているため、虫損がほとんど文字にかかっていない。このため、虫損による文字の欠脱は微少にとどまっている。ヲコト点や朱書は一切なく、末尾に弘仁撰者名と天長修訂識語を付し、弘仁撰者名では藤原冬嗣のみ名を欠く。これらの特徴は上巻とまったく同じであり、鷹司家本の上下巻の特徴とも一致するものである。

また、前田家本では任官式の四行目から五行目にかけて、

若無大臣者、中納言□□亦得、

という割注がみえ、二字分の空白がある（図3）。この空白部には「已上」の二字が入るのであろう。一方、鷹司家本は同じ箇所を、

□□大臣者、中納言□□亦得、

と書いている（図4）。鷹司家本は前田家本の空白を継承した上で、さらに新たな空白を加えているのである。同じく、前田家本の任官

式十九行目の行頭には「□出親王舞」とあるが、これと同様の空白部は鷹司家本にも存在する。

以上から、前田家本の空白部は鷹司家本に継承されており、鷹司家本ではさらに空白部が増えているということがわかる。上巻と同様、下巻においても、前田家本と鷹司家本の破損部には共通点のあることが判明するとともに、鷹司家本ではさらに破損が進行していることが確認できるのである。『内裏式』の数ある写本のうち、前田家本の上下巻と鷹司家本の上下巻とは、同じ親本から派生した同系統の写本であるとみることができよう。

（4）前田家本と鷹司家本

宮内庁書陵部所蔵の鷹司家本は上中下を各一冊に書写した三冊本である。奥書は存在しないが、中巻は後述する九条家本Bの忠実な写本であり、上下二巻は壬生家本を書写したものである。

壬生家の当主であった壬生重房の日記『重房宿禰記』（宮内庁書陵部所蔵、F—一三三）の寛文八年（一六六八）正月二十七日条によると、摂政殿（鷹司房輔）から内々に「内裏式」を借進するよう命ぜられた壬生重房は、この日「内裏式上下」を持参して参上するが、房輔は「九條右大臣殿」が所持する「中巻」を借り受けて、これを重房に貸し与えることを約束した。

同日記の二月十三日条には、

従鷹司摂政殿、可令伺候之由被仰下、則令伺候、仰云、令借進内裏式被写留、御喜悦之由被仰、今度重房令借進内裏式、中巻令紛失之處、中巻九條右大臣御所持之間、予本於令借進者、又中巻可被借下之由、内々右大臣殿仰故、従摂政殿予本被進右大臣殿、右大臣殿御本中巻被借下、奉拝借帰了、令全部之段、可云幸甚也、

とあり、壬生家本「内裏式」の書写を終えた鷹司房輔は、壬生家本の上下と九条家本の中巻を交換書写することを提案し、九条家に壬生家本上下を送るとともに、壬生重房に九条家本の「内裏式中巻」を貸し下した。『重房宿禰記』によると、重房は二月二十六日に九条家本の書写を終えて、これを鷹司房輔に返却したが、このとき壬生家本はいまだ九条家から戻されておらず、鷹司家を通して壬生家本が重房のもとに返されたのは、四月一日になってからであった。

このように、寛文八年（一六六八）の正月から四月にかけて、壬生家本の『内裏式』上下二冊が鷹司家と九条家に、九条家本Bの『内裏式』中巻一軸が鷹司家と壬生家に、それぞれ貸し出されて書写された。当時の摂政鷹司房輔は仲介の労をとるという形で、右大臣九条兼晴（房輔の実弟）が所持する九条家本Bと官務家に伝来した壬生家本を転写し、鷹司家に『内裏式』三巻を完備させたのであるが、このときの書写本がこの鷹司家本『内裏式』である。その書写はきわめて丁寧で、中巻は九条家本Bの朱書・朱点まで忠実に写しており、上下二冊も壬生家本の原形を正確に謄写していると考えられる。

壬生家本は現在所在不明であるが、江戸時代後期にこれを書写した山田以文や勢多章甫の証言によると、本来は鎌倉時代初期に遡る巻子本であったという。壬生家本は文明年間までは三巻を完備していたと思われるが、いつのころか冊子本に改装され、慶長年間までに中巻が失われて、上下二冊本となっていたようである。

前述したように、前田家本『内裏式』の上下は鷹司家本『内裏式』上下と同系統の本文をもち、虫損部も一部合致するが、前田家本には鷹司家本では欠脱している文字の多くが残されている。したがって、前田家本もしくは前田家本の親本は破損が進行する以前の壬生家本を書写したものと考えられる。

一方、前田家本の中巻は九条家本A・Bとは別系統の本文をもち、承和年間の追記の多くを書いていないという点で、『内裏式』中巻のより古い本文を伝えている。こうした点からみて、前田家本の中巻は壬生家本の中巻を書写したものとみなせるのではないか。前田家本もしくは前田家本の親本は壬生家本の破損が進行する以前に書写されたものと思われるが、その時期にはいまだ中巻も失われておらず、そのために、上中下三巻が完備した段階の壬生家本『内裏式』を書写することが可能であったと推定されるのである。

前田家本『内裏式』の中巻は巻首部を中心に多くの空白部をもつが、これは前田家本が依拠した壬生家本の中巻が大きな破損部をもつ写本であったことを物語っている。壬生家本の中巻に存在した大きな破損部が、室町時代後期以降、何らかの理由でさらに拡大した結果、中巻自体が慶長年間までには失われて、壬生家本『内裏式』は上下二冊本になったということなのであろう。前田家本は『内裏式』本来の序文を完存する点で、比類なく貴重な古写本であるが、鎌倉時代初期に遡る壬生家本『内裏式』上中下三冊の面影を今に伝える点でも、きわめて重要な古写本であるということができよう。

最後に、前田家本『内裏式』の来歴について述べておきたい。尊経閣文庫に架蔵される室町時代後期書写の冊子本『西宮記』『北山抄』『江家次第』などが、いずれも三条西家の旧蔵本であったことを考えると、同じ冊子本の儀式書たる『内裏式』も、やはり三条西家の蔵本であったと憶測することは可能であろう。しかし、これらの三書とは異なり、尊経閣文庫所蔵の『桑華書志』『書札類稿』には「内裏式」の書名が記されておらず、三条西家からもたらされたことを示す確証に乏しい。

ただし、江戸時代初期において『内裏式』の古写本を所蔵する家は限られていた。寛文八年に九条家本の中巻と壬生家本の上下が交換書写され、鷹司・九条・壬生の三家に『内裏式』上中下が完備したことは前述したが、『重房宿禰記』同年二月十三日条によると、このときに鷹司房輔は壬生重房に、

内裏式、九條殿・鷹司殿・西三條・重房令所持外、希有之由被仰了、

と語ったという。つまり、この年に『内裏式』を書写しあった前記の三家以外では、三条西家にのみ『内裏式』の写本が存在したとい

うのである。この三条西家本の『内裏式』が前田綱紀の収書のなかに入り、尊経閣文庫に伝えられたという可能性は少なくないのではないか。新たな手がかりを今後とも探索する必要があるが、一つの可能性として指摘しておきたい。

四　九条家本

宮内庁書陵部には九条家旧蔵の『内裏式』が二軸架蔵されている。いずれも中巻で、鎌倉時代に遡る古写本である。以下にそれぞれの概略を紹介しておきたい。

（1）九条家本Ａ（九―一一三）

中巻一軸。後世に巻子本に改装されているが、原装は冊子本。第一紙は巻子本の旧表紙で、江戸時代初期の九条道房の筆跡で中央に「内裏式中」と墨書する。第二紙から第二十三紙までが元来の冊子本で、第二紙の原表紙の左上に「内裏式中」と外題し、第三紙冒頭に「内裏式中」と内題する。旧表紙も含めると墨付二十二紙。末尾に本文とはやや異なる筆致で「弘安十二廿七校了」と奥書を記す。本文中には一部校訂が墨書されるが、朱書・朱点などは一切ない。第二紙以降の二十二紙にはいずれも紙背文書があり、料紙は楮紙もしくは斐楮交漉紙。各紙の法量は縦二八・二cm前後、横四〇・〇cm前後で、その中央には折目の痕跡が残り、折目をはさんで左右対象に虫損が広がる。また第二紙以降、上部欄外に「一丁」「二」「三」「廿二丁終」などの丁付が打たれる。

以上の特徴からみて、当本は弘安十年（一二八七）二月二十七日に校合を終えた写本で、本来は横二〇cm前後の袋綴冊子本（半丁八行、一行十八字前後）であったが、江戸時代初期の修補のさいに、九条道房が巻子本に改装するとともに、第一紙の巻子本表紙を後補したものと考えられる。第二紙以降の紙背文書に「文永七年」「文永八年」などの年紀がみえる点からも、当本が鎌倉時代に遡る貴重な古写本であることは間違いない。

当本には破損部が多く、判読できない箇所も少なくないが、目録・本文とも流布本中巻と同一の十三編目を収める。目録部分には、「奏詮擬郡領式」の「詮擬」を「鈴擬」と誤記し、「七月七日相撲式」の次に重ねて「七月七日相撲式」と書くなどの特徴がある。また、巻末に記される弘仁撰者名のうち、最末行の滋野貞主を欠き、それ以外の撰者名も官位・姓のみで、名を落としている（小野岑守は姓名とも書かれていない）。

当本を書写もしくは校合した人物は、紙背文書の内容から推測が可能である。まず、第二十三紙裏は「正月四日」付けの「五条殿」あて書状であるが、「右兵衛尉平貞茂」を叙爵の勘文に加入したかどうかを尋ねるもので、第二十二紙裏・第二十一紙裏とつづく叙位関係文書とともに、正月五日に行われた叙位議に関わる文書とみられる。また、第六紙裏の書状中に「五条大外記殿」の語がみえ、第四紙裏の書状の宛先は「大外記殿」であり、第八紙裏には「外記捧〔俸〕禄田」に関わる書状がみえている。こうした紙背文書の内容からみて、叙位議に深く関与した「五条大外記」と称される人物が、当本の作成に大きく関わっていると考えられる。

紙背文書のうち年紀が判明するのは、「文永七年十二月十三日」の右京職注進、「文永八年正月」の左馬寮注進、「文永八年□月」の右馬寮注進などであるが、文永七年・八年当時の大外記を『経俊卿記』『吉続記』に求めると、清原良季と中原師顕の両名が見出せる。この両名のうち「五条大外記」と称されたのは清原良季であろう。良季の孫で南朝の懐良親王に従い、九州を転戦した清原頼元は、『太平記』菊池合戦事に「五条大外記」と記され、清原流の五条氏はこの頼元から始まるとされる。ただし、その祖父良季のときには清原氏は京都の五条に居宅を構えていたのではないか。そのため、良季は「五条大外記」と呼ばれたものと思われる。

清原良季は局務を世襲した明経道清原氏の嫡流に属し、文永二年三月二十二日に大外記として出仕をはじめ、弘安十年正月にこれを辞任するまで（『外記補任』）、局務として叙位除目の奉行をしばしばつとめた。また文永年間には侍講として内裏に参候し、『尚書』『古文孝経』『尚書正義』『毛詩』などを講義、『春秋左氏伝』に関する亀山天皇の下問にも答えている。このうち、文永十年閏五月十四日の『毛詩』御読のさいには、御本の『毛詩』第一・二巻が良季宅にもたらされ、良季本と校合して進上するよう命令があり、良季が良質の写本を所蔵していたことをうかがわせる。

以上のような家柄や経歴からみて、清原良季は九条家本『内裏式』の書写者もしくは校合者としてふさわしく、紙背文書にみえた「五条大外記」は同人にあたると思われる。奥書の日付「弘安十年二月二十七日」は良季が大外記を辞した直後であり、良季は大外記時代の書状・文書の紙背を利用して、『内裏式』を書写もしくは校合したのであろう。

（2）九条家本B（九―一一四）

中巻一軸。第一紙は江戸初期の後補表紙で、九条道房の筆跡で左上に「内裏式」と墨書する。第二紙も補写で、内題・目録および奏成選短冊式の冒頭四行を後補する。やはり道房の補写であろう。第三紙以降、第十八紙までの十六紙が元来の巻子本残存部で、料紙は斐楮交漉紙。第六紙（横三八・九cm）と第七紙（横四四・〇cm）以外は、縦三〇・二cm前後、横四六・二cm前後の紙を張り継ぐ。天地の横界と縦の行界を引き、界高は二二・九cm、界幅は二・四cm前後。本文の全面にヲコト点を朱書し、各編目名の右上には編名と式場を朱標記、十一月進御暦式と十一月新嘗会式では一部の割注を朱書する（朱標記・朱割書とも本文と同筆）。朱割注のなかには「自承和十〔年脱〕」「自承和年中」と書くもの各一点を含む。奥書は存在しないが、筆跡や紙質からみて鎌倉時代末期の書写と考えられる。

第二紙以降の料紙左肩には「一」から「十七終」までの紙数が打

たれるが、補写の第二紙には界線・朱書・朱点ともに存在しない。この補写部分を前述した九条家本Aと比較すると、目録中の「鈴擬」や「七月七日相撲式」などの記述が一致し、A本の奏成選短冊式二行目末尾の破損部（一字分）を、B本ではそのまま模写しているので、九条家本Bの補写部分が九条家本Aの転写であることが確認できる。九条家本Bの冒頭部分が江戸時代初期には欠落していたため、九条道房は九条家本Aによってこれを補い、表紙を付け加えて修補したのであろう。

九条家本Bが弘仁撰者名の官位・姓名から名を落す点も、九条家本Aと共通する特徴であるが、A本中の誤脱をB本はほとんど継承しておらず、逆に奏御宅田稲数式中の「稲若千束」を「稲若干束」に、大儺式中の「齋郎」を「齋部」に誤記するなど、B本独自の誤脱も少なくない。B本にのみ朱書・朱点が存在することも勘案すると、九条家本Bを九条家本Aと同系の写本とみるのは難しく、江戸時代初期の九条家には系統の異なる『内裏式』中巻が二点伝えられていたと考えられる。

（3）九条家本の伝来と書写

管見の限り、九条家本の『内裏式』が確認できるのは、寛永十八年（一六四一）前後に九条道房が作成したと推定される『九條家記録文書目録朝儀関係等函別目録』（宮内庁書陵部所蔵、九―二七一）が最初で、第十四箱に収められる書籍として、「西宮記」「北山抄」「新儀式」などとともに「一帖　内裏式中」がみえる。「一帖」が折本もしくは冊子本を意味するとすると、この「内裏式中」は原装が冊子本であった九条家本Aに該当することになる。ただし、九条家本Bの継目部分には、糊離れと継ぎ直しが何度かくり返された形跡が認められるので、道房が修補する前後の九条家本Bは巻子本ではなかったことも考えられ、九条家本Bを「一帖」と称した可能性は残されている。

その後、寛文八年（一六六八）に鷹司房輔の仲介により、九条兼晴所持の『内裏式』中巻と壬生重房所持の『内裏式』上下が交換書写されたことは前述したが、九条兼晴の日記である『兼晴公記』（宮内庁書陵部所蔵、九―五一八五）の同年二月四日条には、

……、自摂政殿、内裏式上下御書被副使持来也、自此方返事申入候、留守之故也、

とあり、鷹司房輔から九条家に壬生家本『内裏式』上下が送られてきたのは、二月四日のことであったことがわかる。翌五日条には、

入夜、余摂政殿参向、〇(内)裏式一帖、中巻也、余の所持之本也、可借用之由、自先日御約束仕候故、今夜為持参候也、上下フソク也、自摂政殿上下借給之故、致進上了、

とあり、二月五日に兼晴自身が鷹司家に赴き、九条家本「内裏式」一帖（中巻）を借進している。『兼晴公記』によると、兼晴が「摂政殿本四帖」（行類抄二帖・内裏式二帖）を返却したのは、四月一日のことであった。

九条兼晴は鷹司房輔から壬生家本の『内裏式』上下を貸し与えられたのであるが、兼晴は「内裏式」上下のことを一貫して「摂政殿本」と称している。房輔はその「内裏式」上下が壬生家本であることを明言しなかったのであろう。いずれにしても、寛文八年の『内裏式』交換書写に関して、壬生家側の記録である『重房宿禰記』に対応する記述が、九条家側の記録である『兼晴公記』にも確認できるのは興味深い。

鷹司家本『内裏式』の中巻は、奏成選短冊式の五行目からヲコト点を朱書し、朱標記・朱割注をもつなどの点で、九条家本Bとほぼ完全に一致しており、寛文八年に九条家から貸し出された『内裏式』中巻が、九条家本Bであったことを物語っている。九条兼晴はその「内裏式」を「一帖、中巻也」と称しているので、九条家本Bが「一帖」と数えられたことがわかる。九条兼晴の義父道房が目録に「一帖、内裏式中」と書いたのは、やはり九条家本Bをさしている可能性が高いといえよう。

その後、九条家本Bの内容は壬生家や鷹司家の新写本を通して世に広まったと思われ、随所に朱書を施す特徴的な『内裏式』中は、国立公文書館内閣文庫所蔵の日野家本『内裏式』や宮内庁書陵部所蔵の柳原家本『内裏式』など、享保年間までの『内裏式』写本の多くに見出すことができる。鷹司房輔が意図したように、壬生家本『内裏式』上下と九条家本『内裏式』中巻を交換書写することによって、『内裏式』全三巻の本文が揃うことになり、この取り合わせ本が近世を通して流布するようになったのである。

【参考文献】

西本昌弘「『内裏式』の古写本について」(『日本古代儀礼成立史の研究』塙書房、一九九七年)
西本昌弘「前田本の『内裏式』序について」(『日本古代儀礼成立史の研究』塙書房、一九九七年)
和田英松『本朝書籍目録考証』(明治書院、一九三六年)
宮内庁書陵部編『図書寮典籍解題』続歴史篇(養徳社、一九五一年)
岩橋小弥太「儀式考」(『上代史籍の研究』二、吉川弘文館、一九五八年)
大西孝子「『内裏式』の書誌的考察」(『皇学館論叢』五―三、一九七二年)
渡邊直彦校注『儀式・内裏式』(神道大系朝儀祭祀編一、神道大系編纂会、一九八〇年)
所功「『内裏式』の成立」(『平安朝儀式書成立史の研究』国書刊行会、一九八五年)
西本昌弘「古礼からみた『内裏儀式』の成立」(『日本古代儀礼成立史の研究』塙書房、一九九七年)
西本昌弘「なぜ儀式書が編纂されるのか」(吉村武彦・吉岡眞之編『新視点日本の歴史』第三巻、新人物往来社、一九九三年)
西本昌弘「内裏式」(阿部猛ほか編『平安時代儀式年中行事事典』東京堂出版、二〇〇三年)
渡里恒信「藤原三守についての一考察」(『古代文化』四七―六、一九九五年)

西本昌弘「『高野雑筆集』からみた空海と藤原三守の交流」（『古代史の研究』一三、二〇〇六年）
橋本義彦「『西宮記』―尊経閣文庫本を中心に―」（『日本古代の儀礼と典籍』青史出版、一九九九年）
橋本義彦「『北山抄』―尊経閣文庫本を中心に―」（『日本古代の儀礼と典籍』青史出版、一九九九年）
橋本義彦「『江家次第』―尊経閣文庫本を中心に―」（『日本古代の儀礼と典籍』青史出版、一九九九年）
北啓太「解説」（『宮内庁書陵部本影印集成』七、西宮記三、八木書店、二〇〇七年）

附録

宮内庁書陵部所蔵九条家本『内裏式』二種（A・B）

表紙
宮内庁書陵部所蔵九条家本『内裏式』A

九条家本A　表紙見返／旧表紙

九条家本A
旧表紙／内裏式中

九条家本A
内裏式中
目録・奏成選短冊式

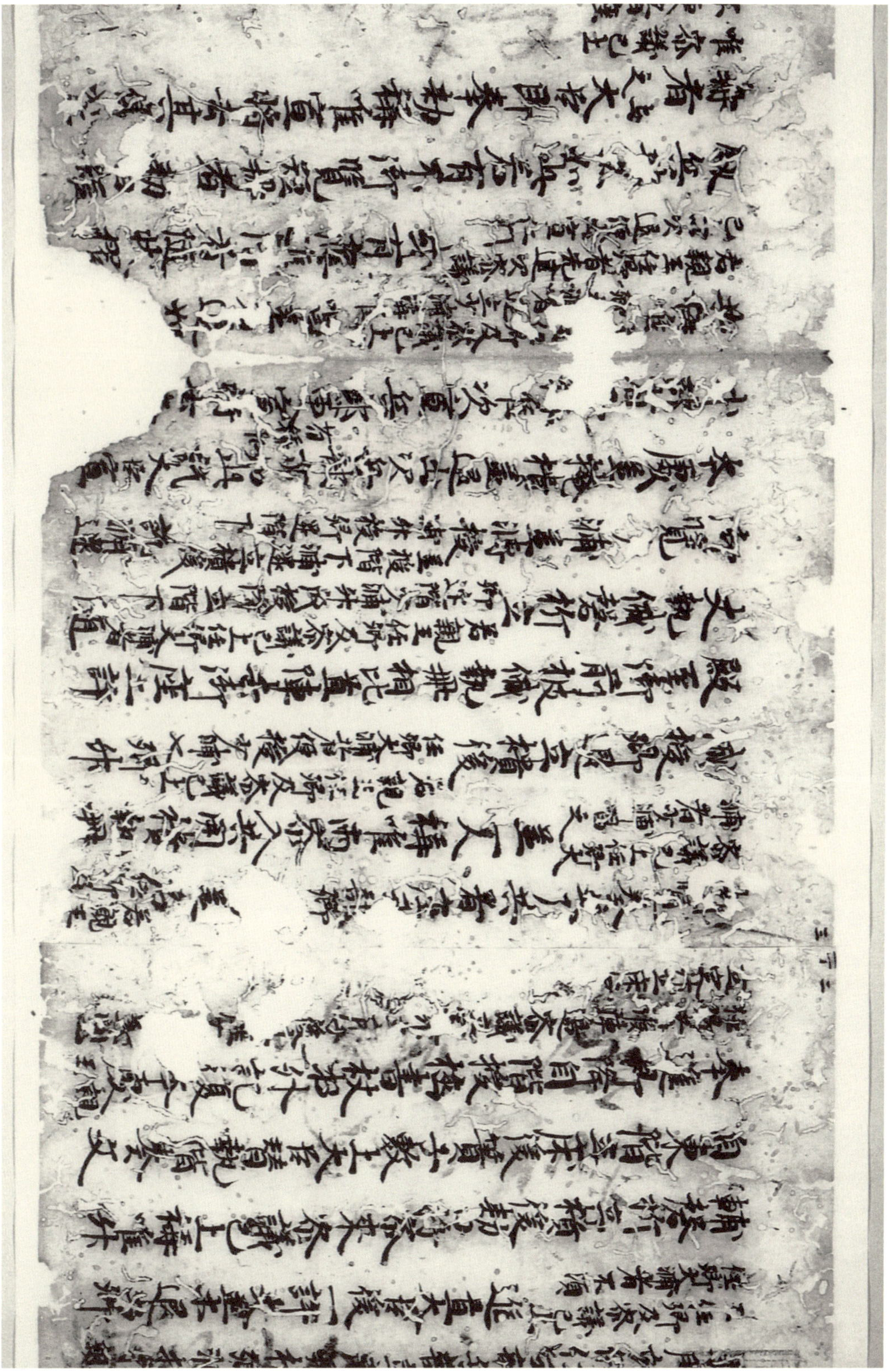

九条家本A
内裏式中
奏成選短冊式

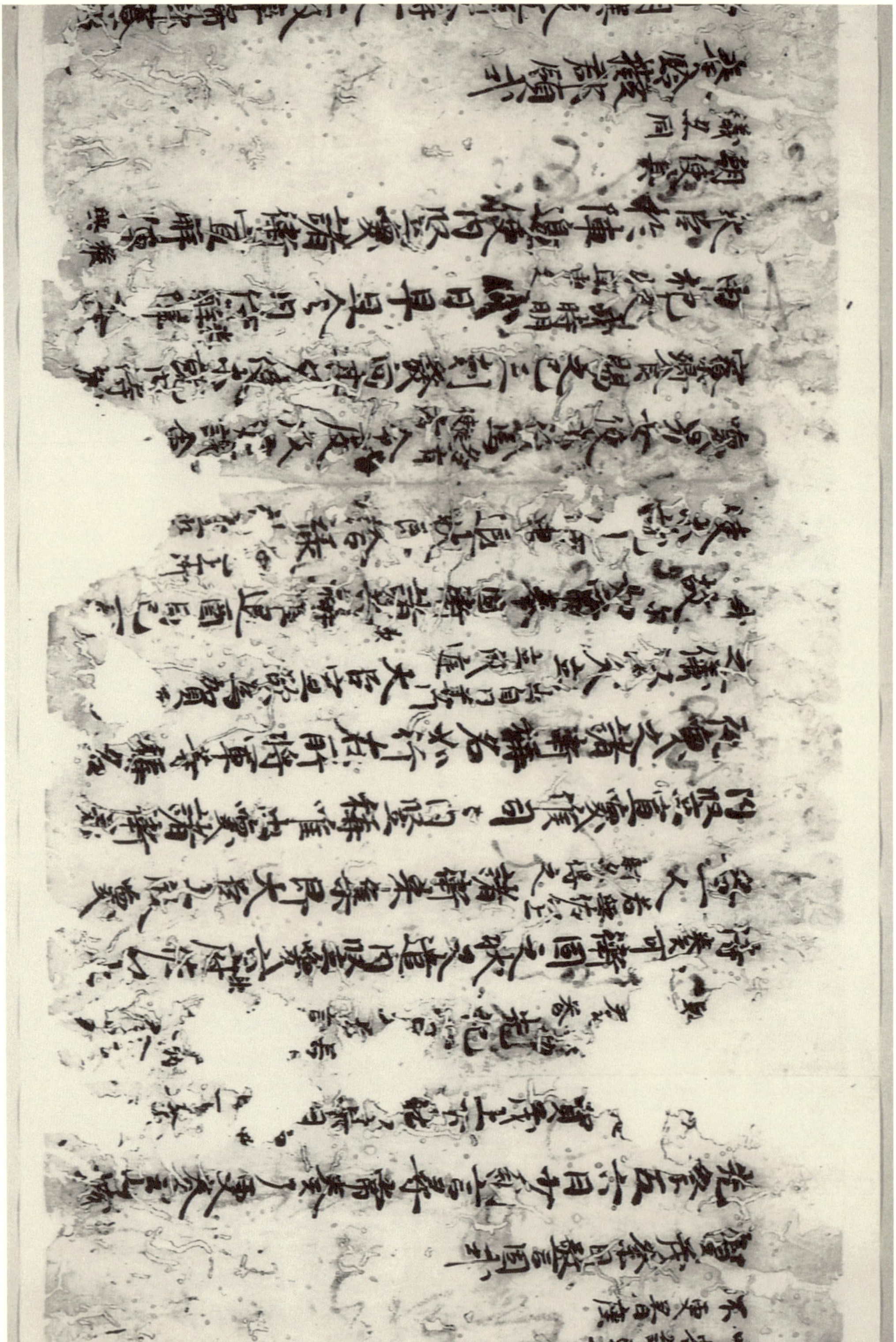

九条家本A
内裏式中
奏成選短冊式・賀茂祭日警固式・奏銓擬郡領式

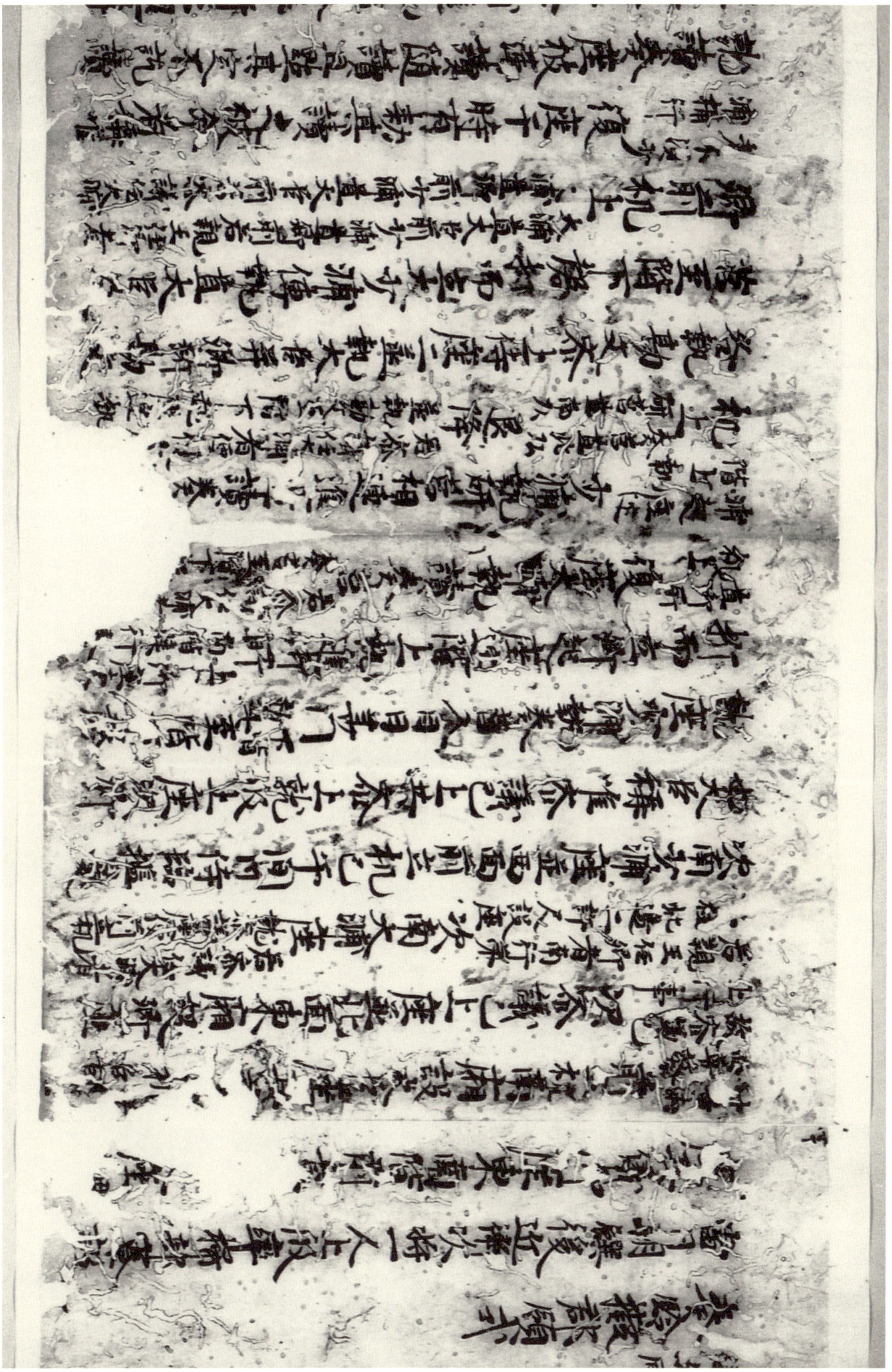

九条家本A
内裏式中
奏銓擬郡領式

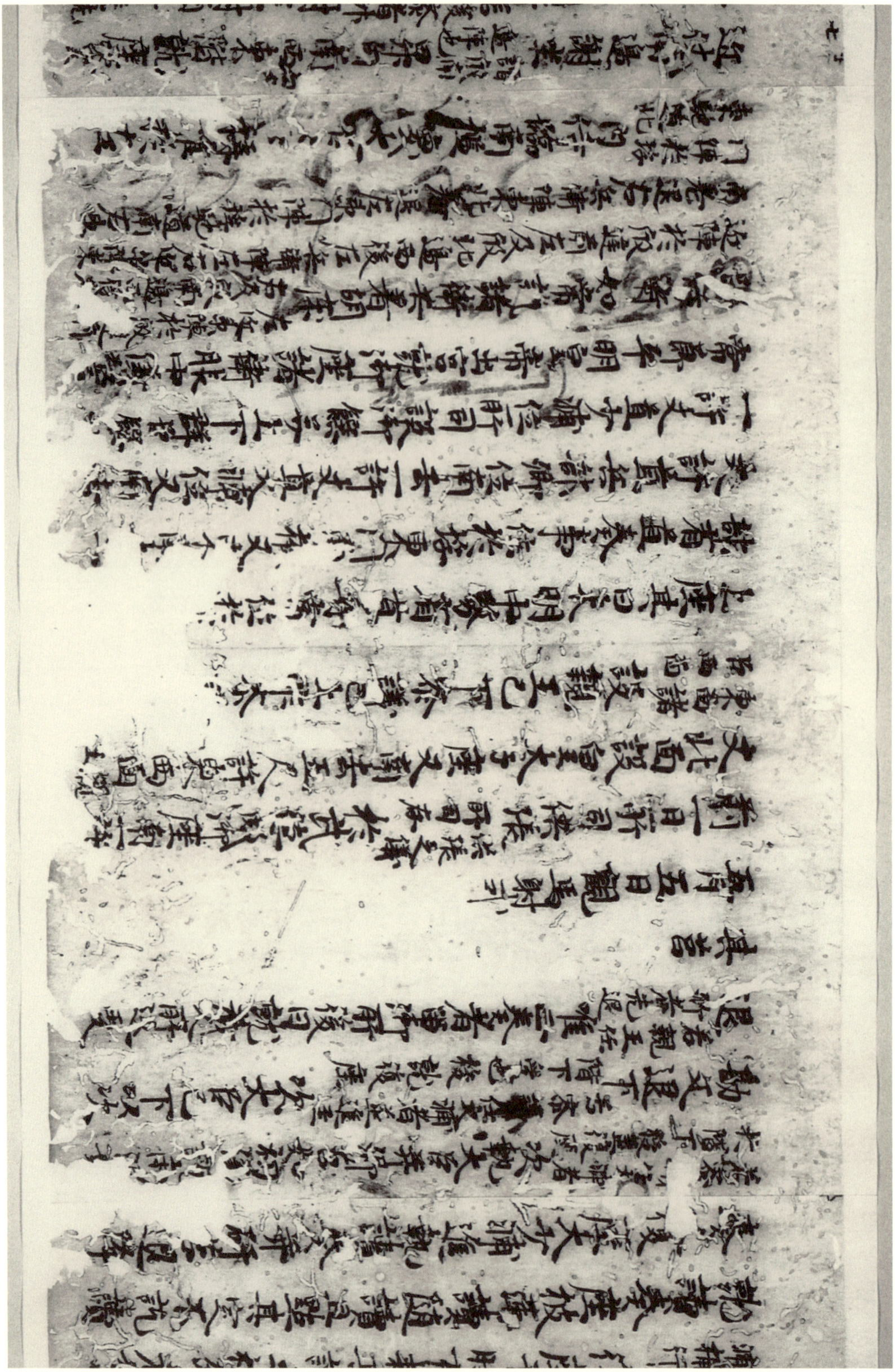

九条家本A
内裏式中
奏銓擬郡領式・五月五日馬射式

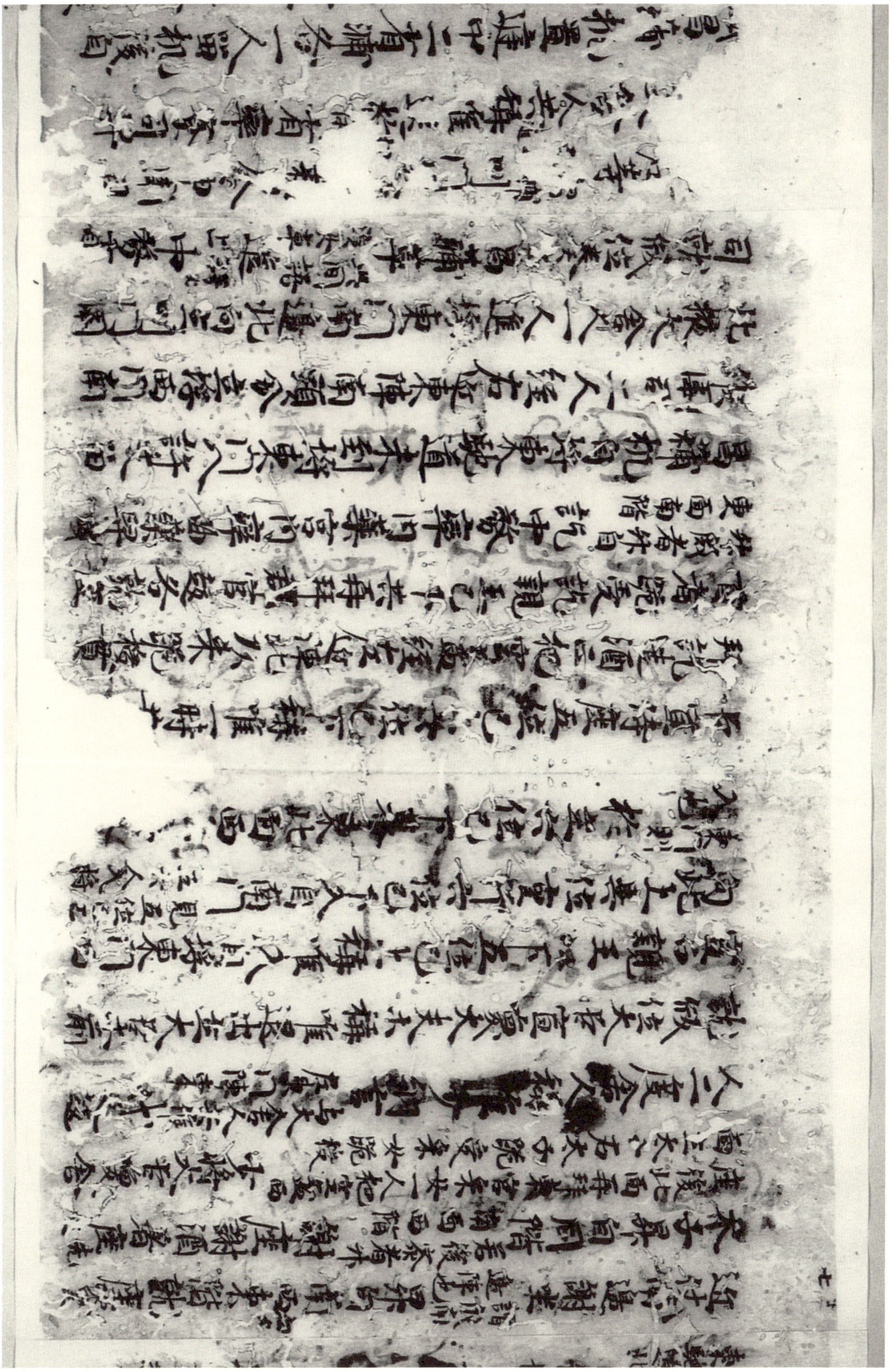

九条家本A
内裏式中　五月五日馬射式

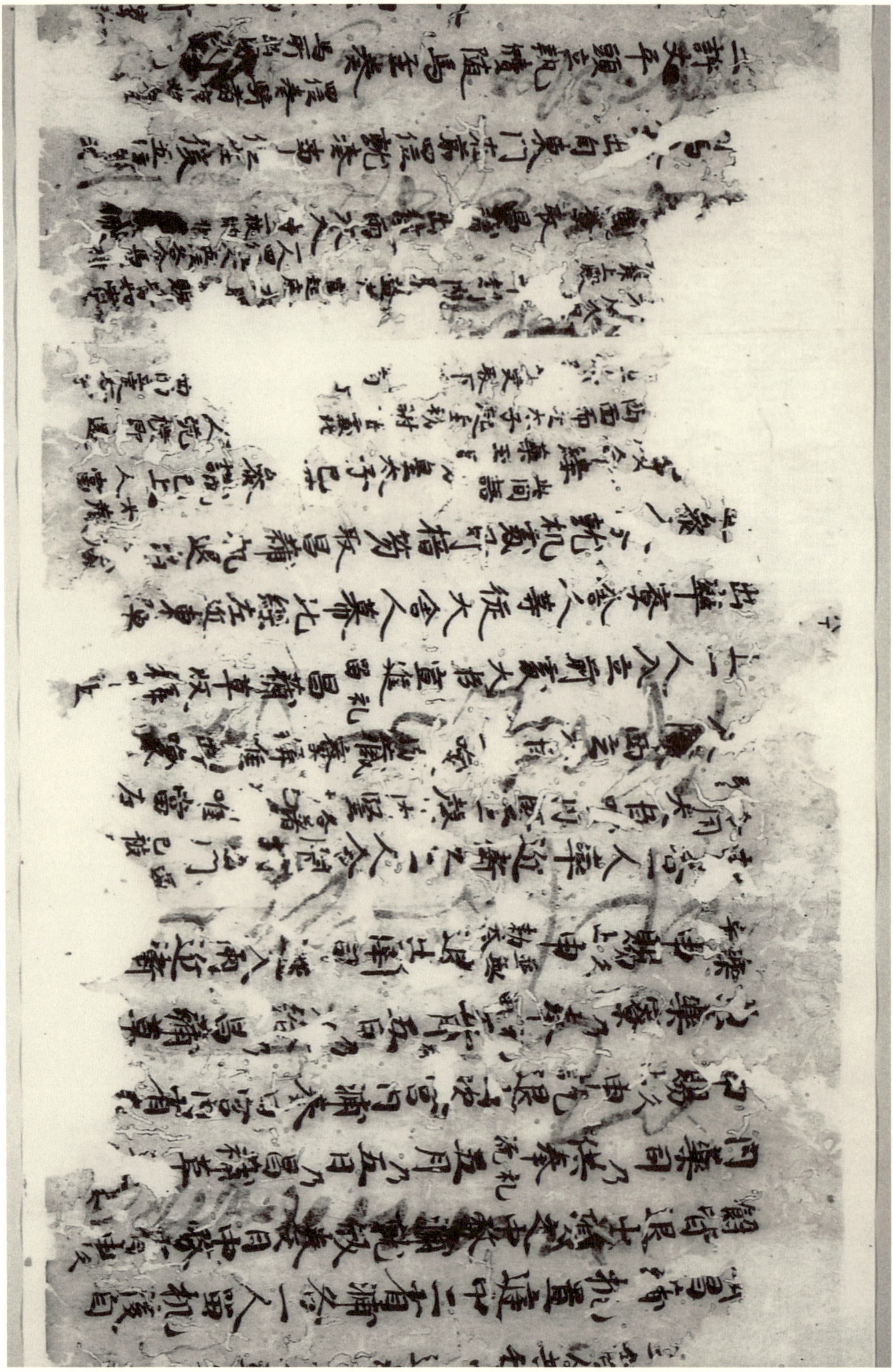

九条家本A
内裏式中
五月五日馬射式

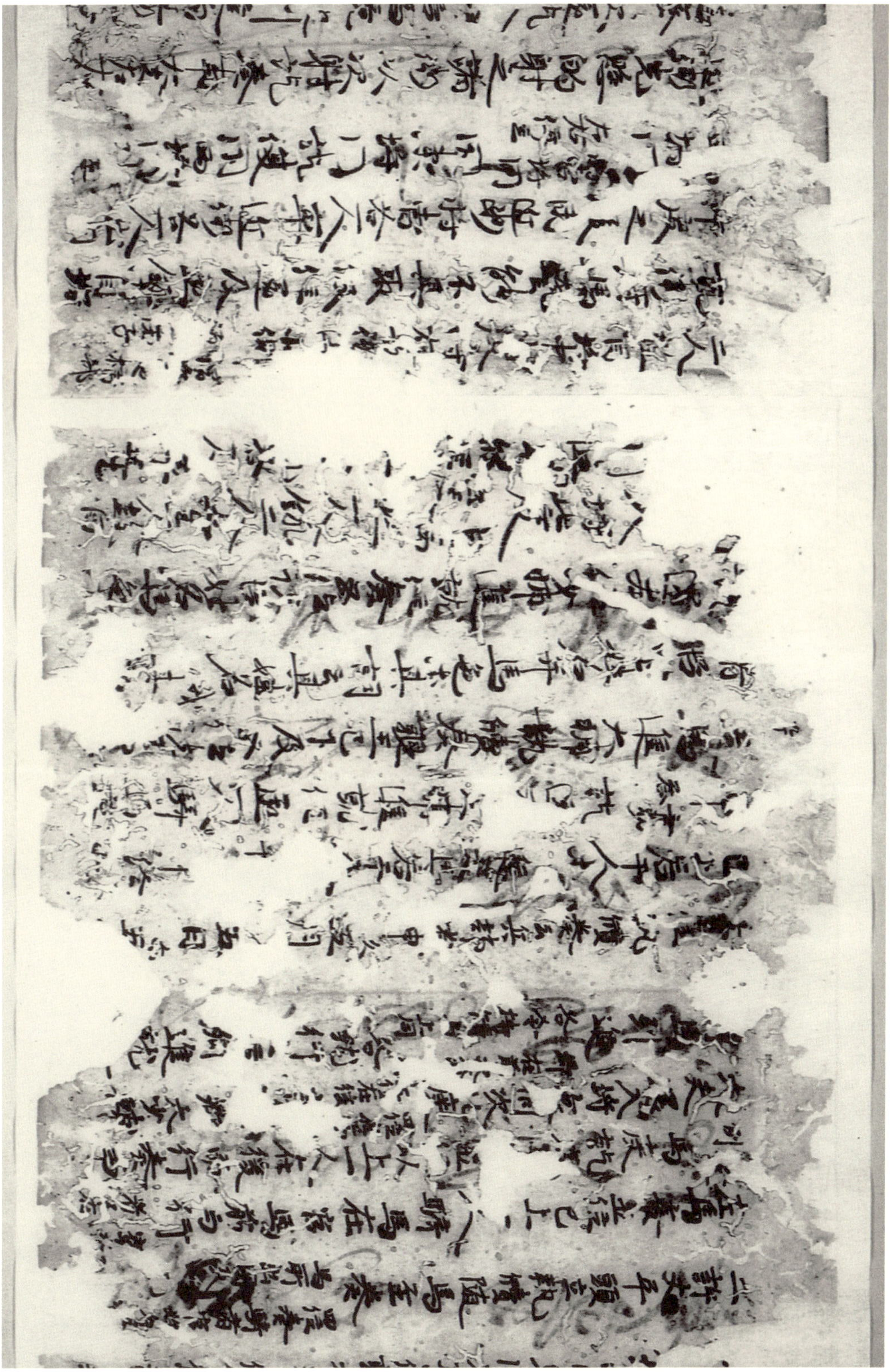

九条家本A
内裏式中　五月五日馬射式

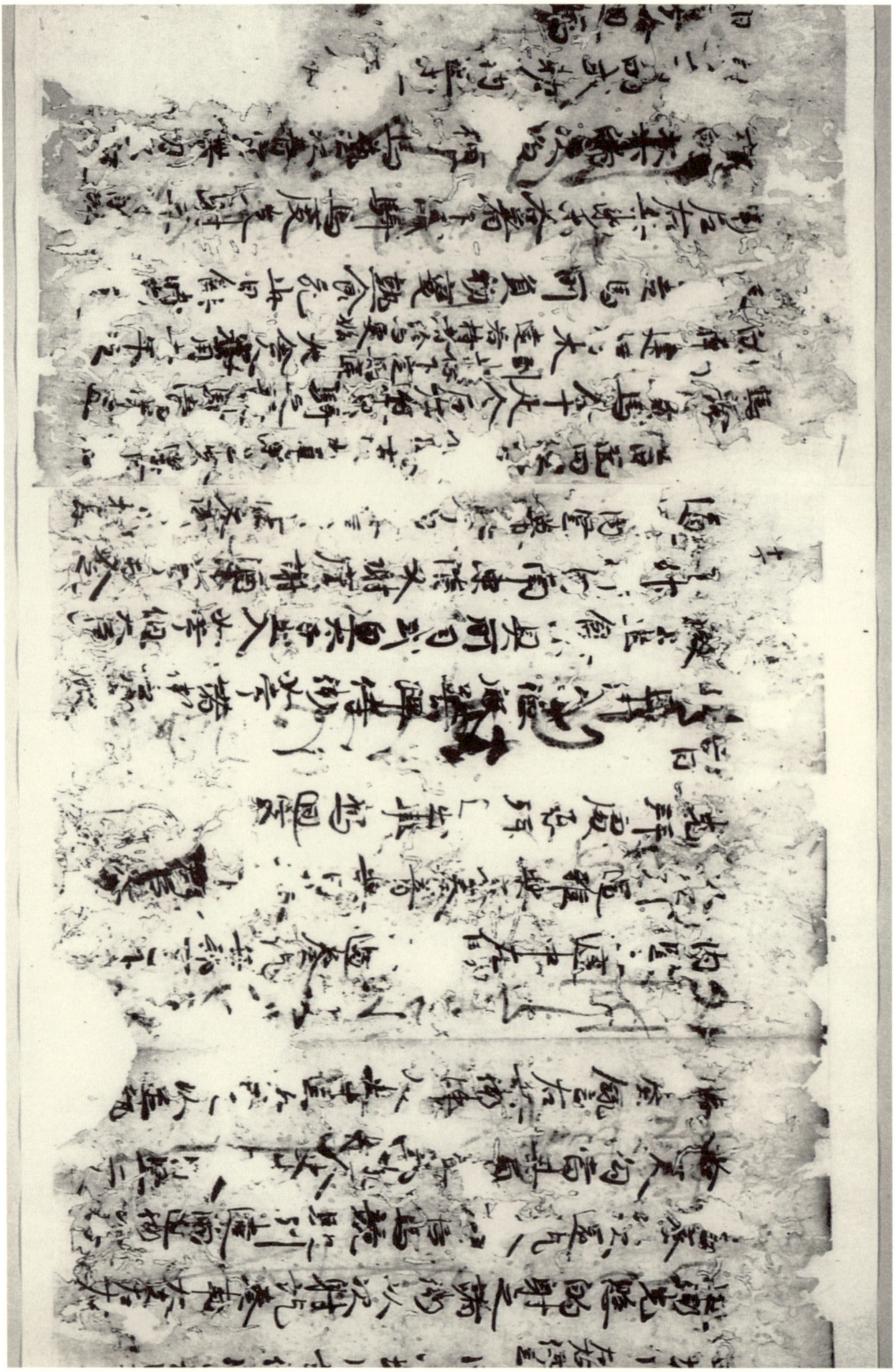

九条家本A
内裏式中
五月五日馬射式・五月六日馬射式

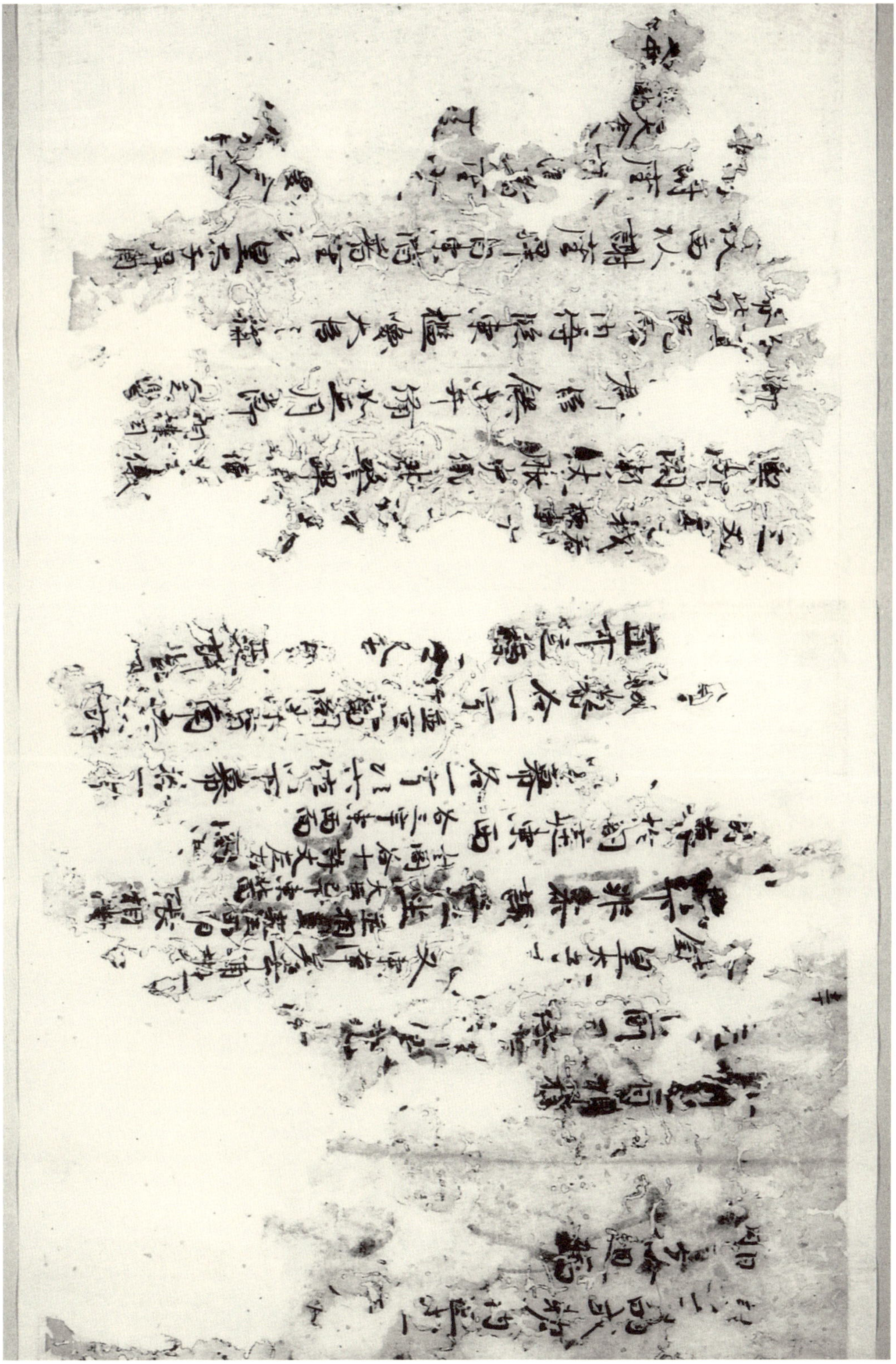

九条家本Ａ　内裏式中　五月六日馬射式・七月七日相撲式

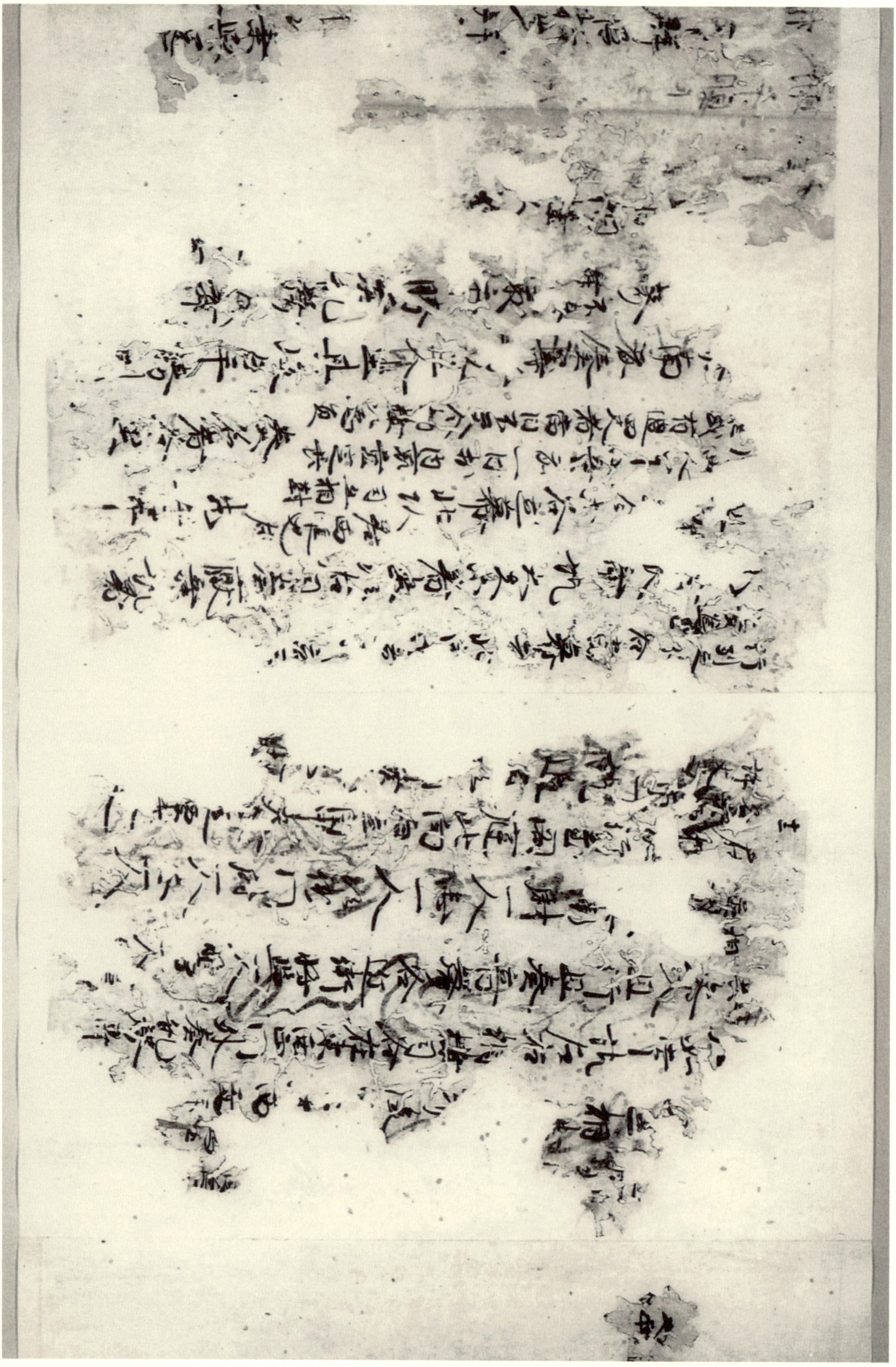

九条家本Ａ　内裏式中
七月七日相撲式・七月八日相撲式

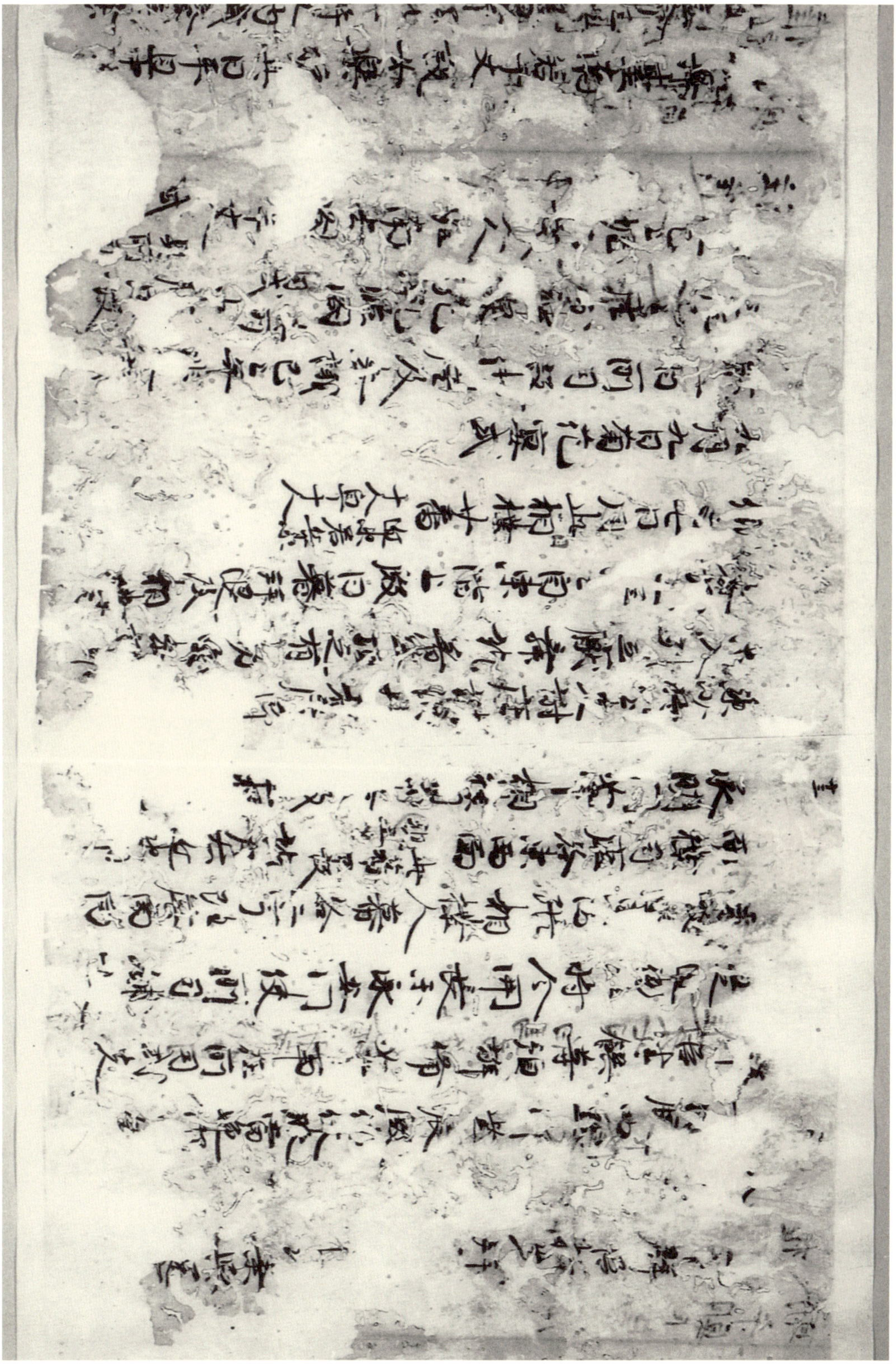

九条家本A
内裏式中
七月八日相撲式・九月九日菊花宴式

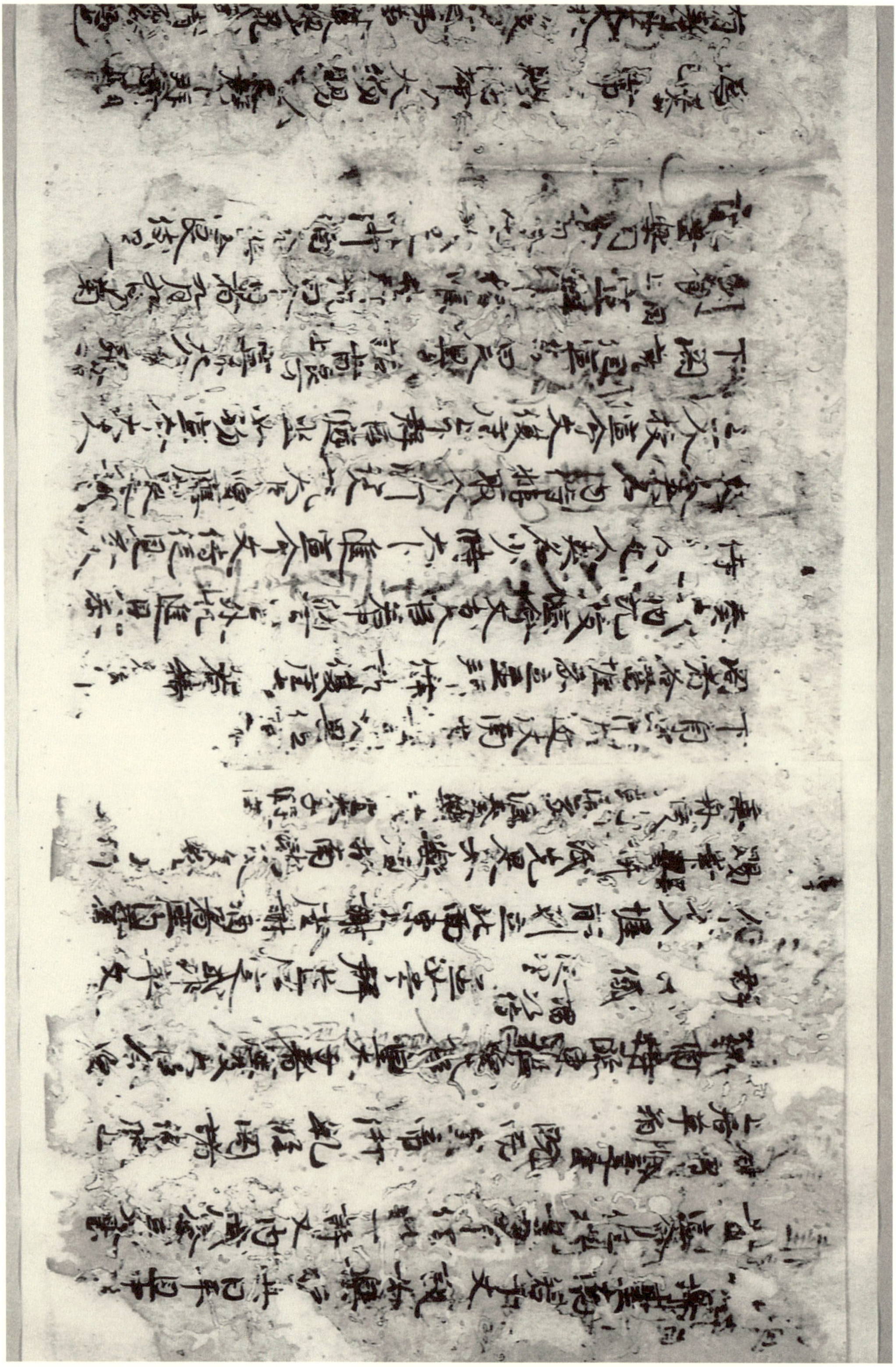

九条家本A
内裏式中
九月九日菊花宴式

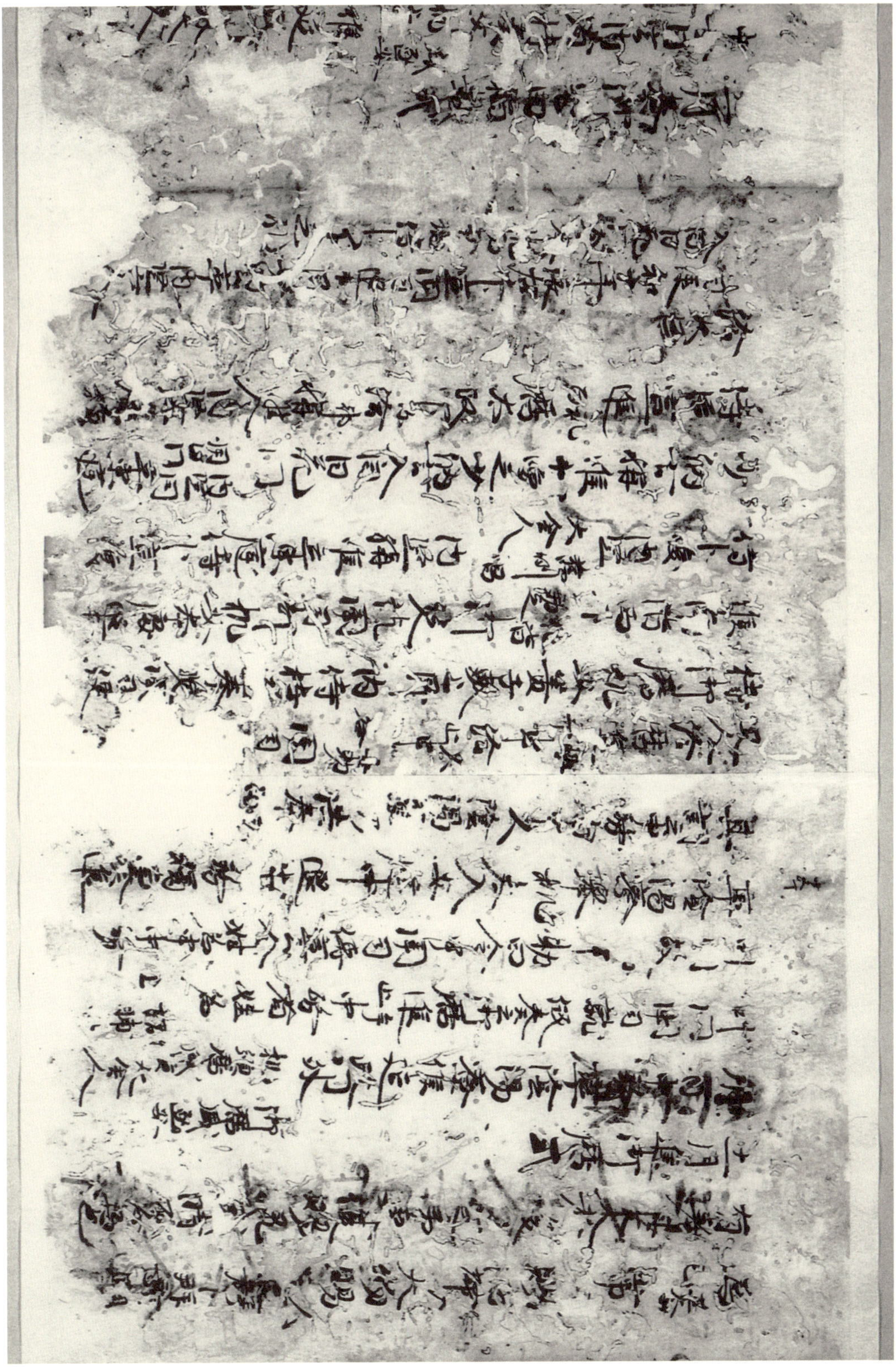

九条家本Ａ
内裏式中
九月九日菊花宴式・十一月進御暦式・十一月奏御宅田稲数式

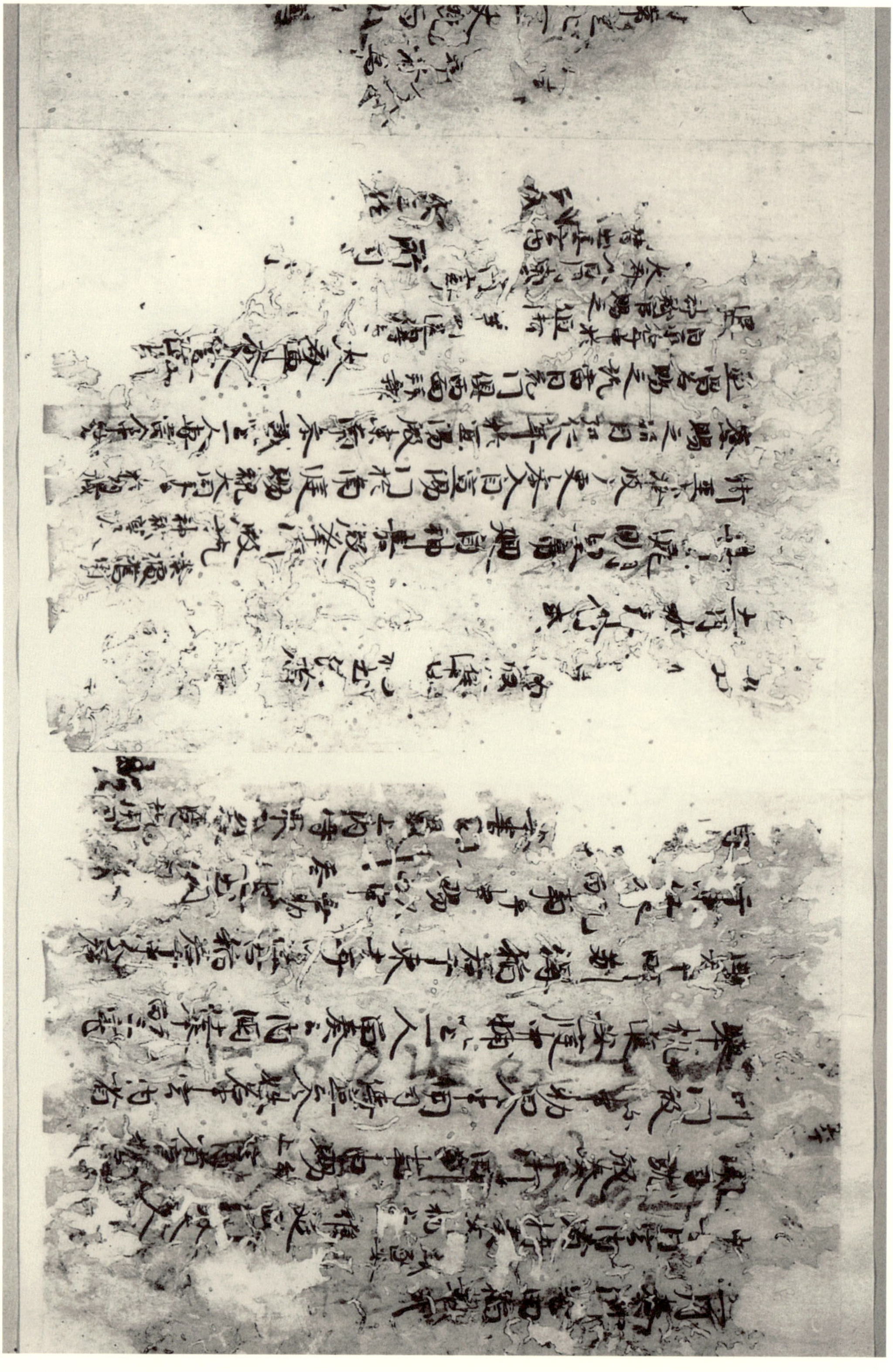

九条家本A
内裏式中
十一月奏御宅田稲数式・十一月新嘗会式

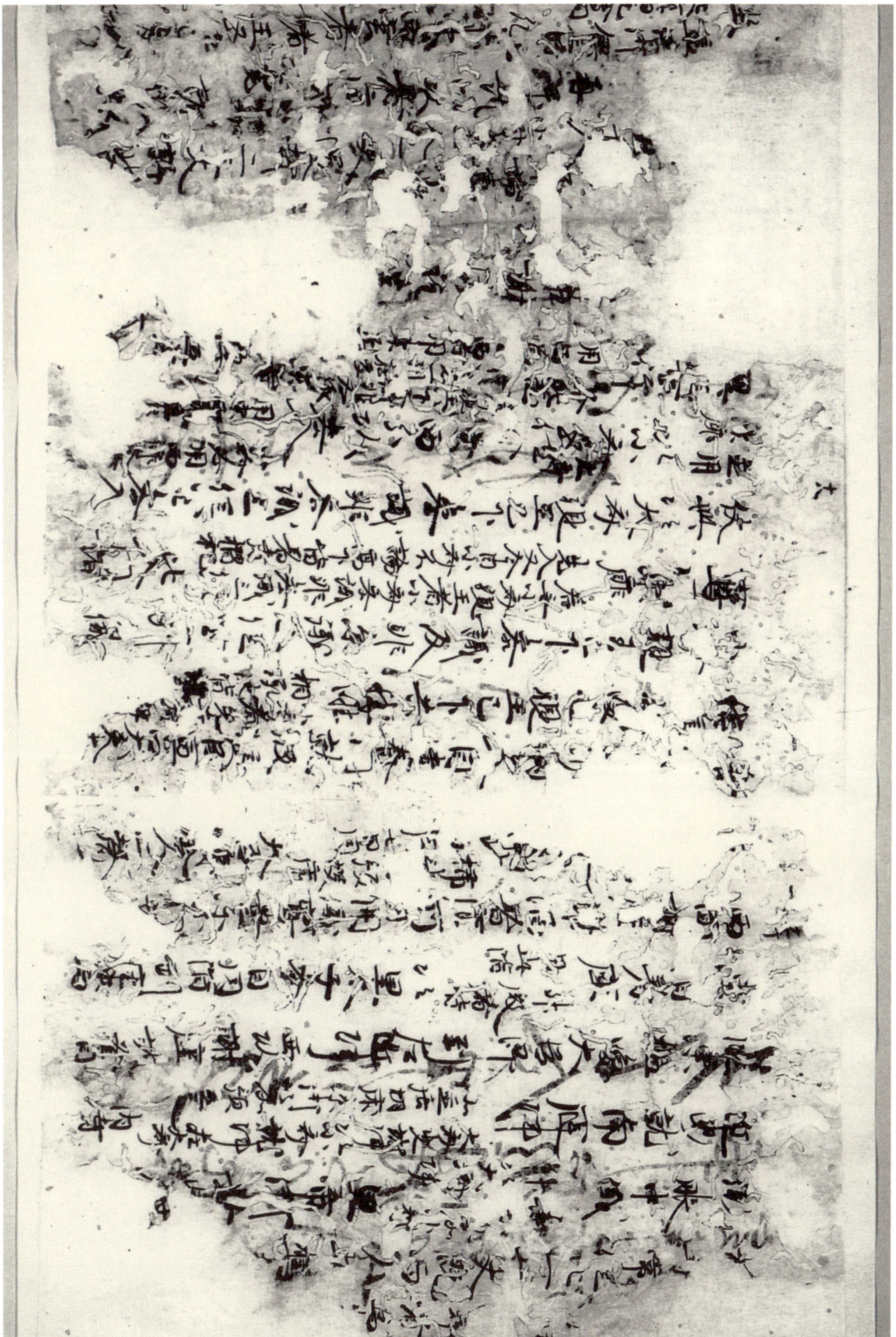

九条家本A　内裏式中　十一月新嘗会式

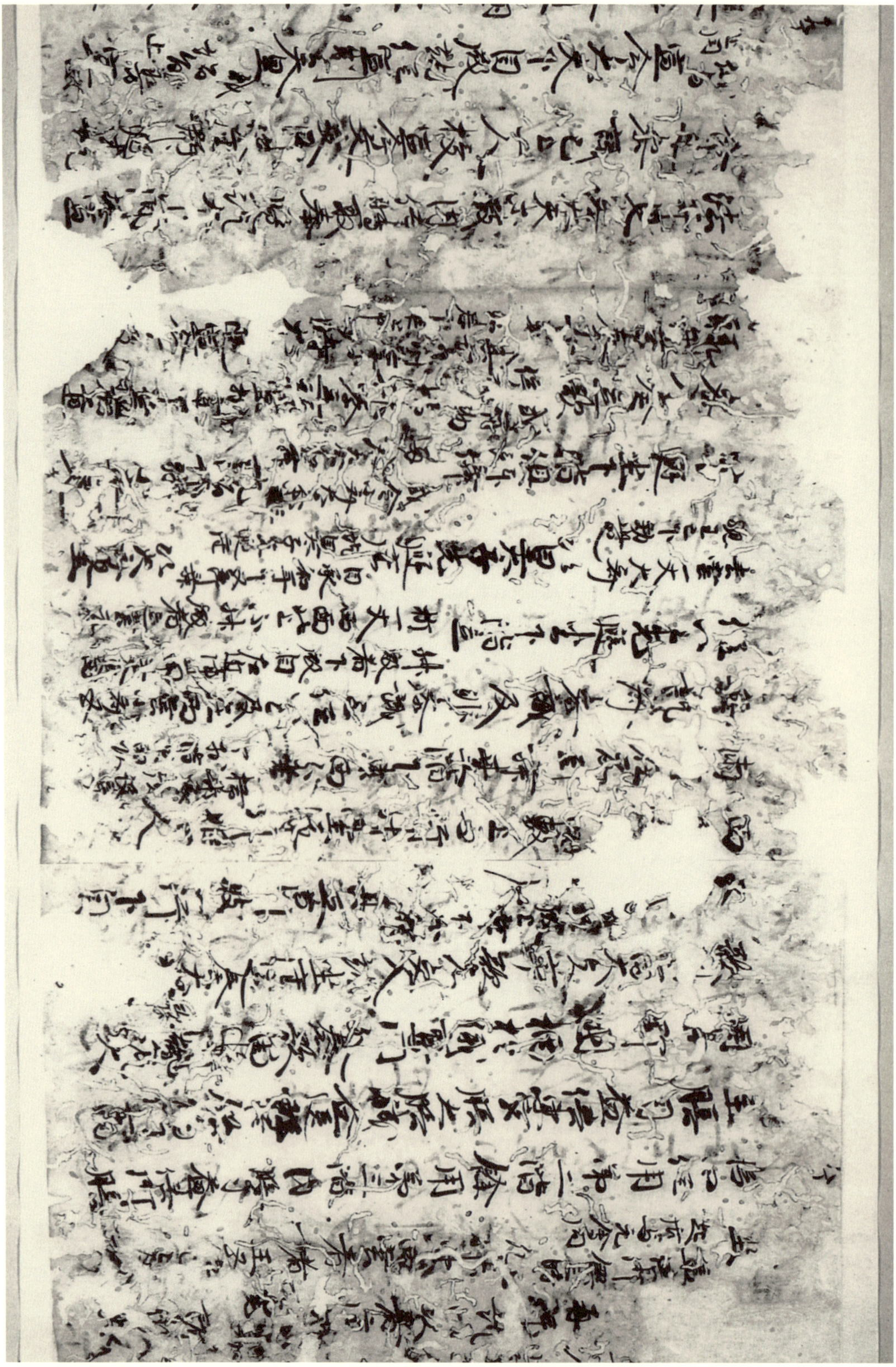

九条家本A　内裏式中　十一月新嘗会式

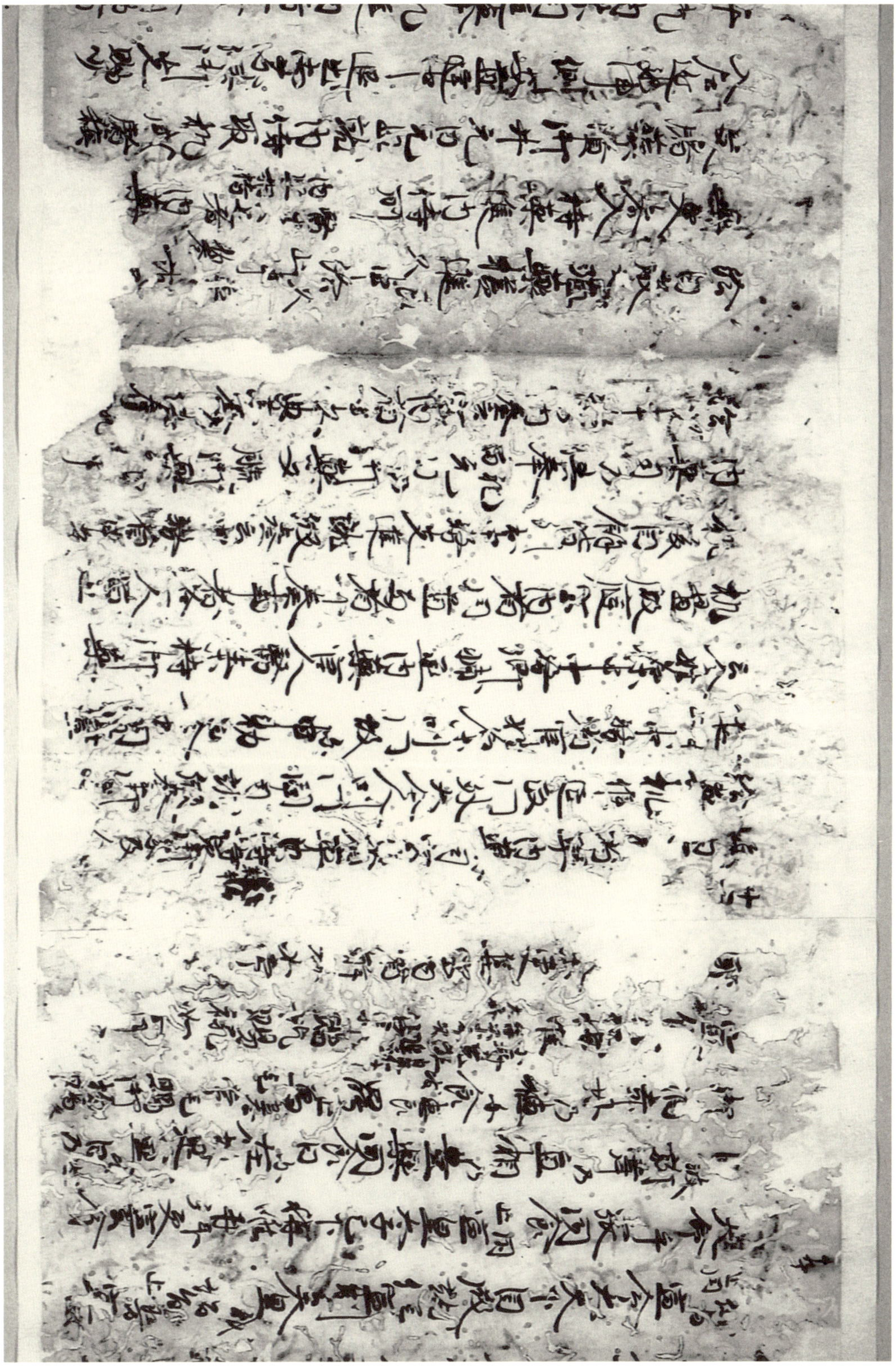

九条家本A
内裏式中
十一月新嘗会式・十二月進御薬式

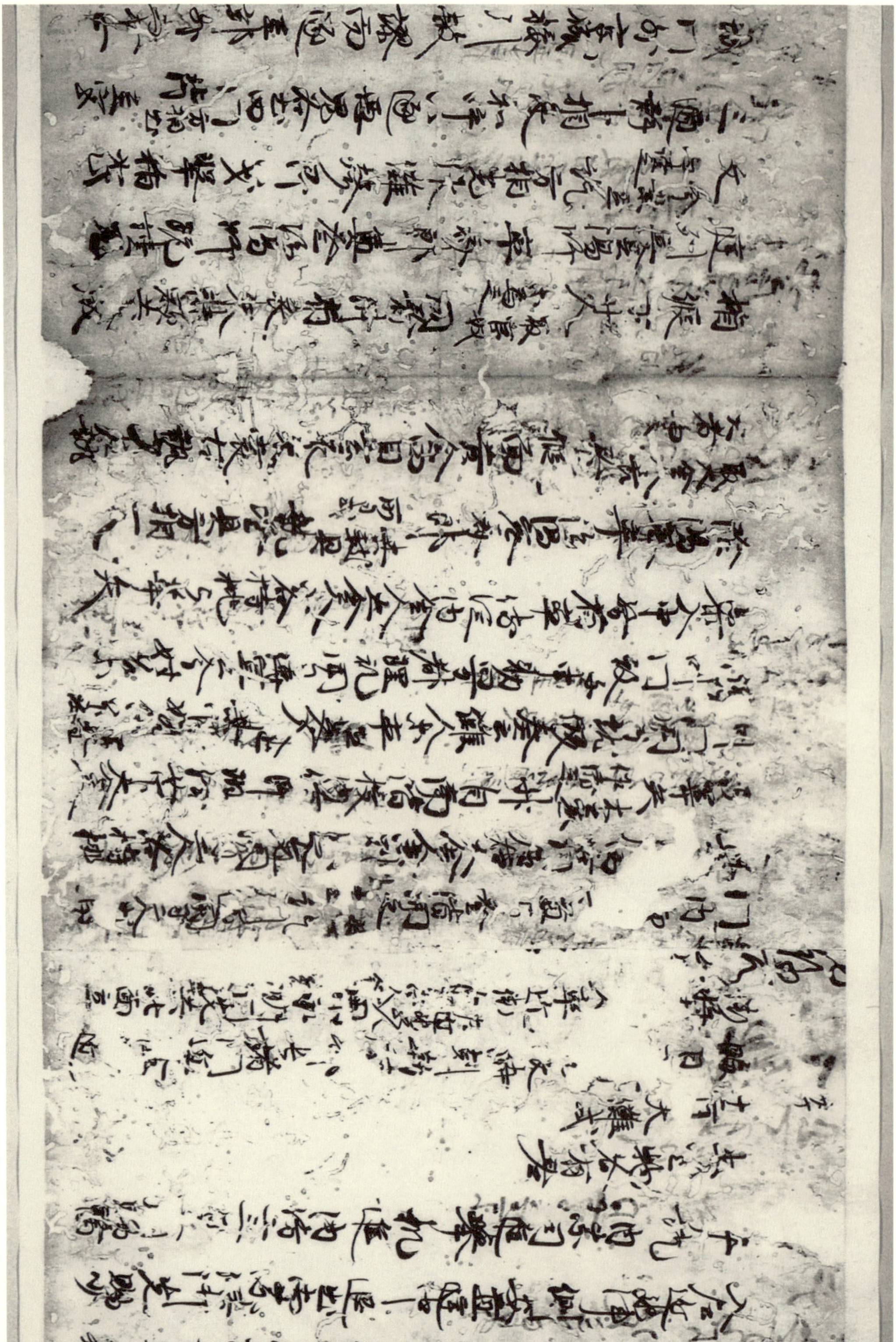

九条家本A
内裏式中
十二月進御薬式・十二月大儺式

九条家本A
内裏式中
十二月大儺式／弘仁撰者名／奥書

九条家本A 内裏式中 奥書

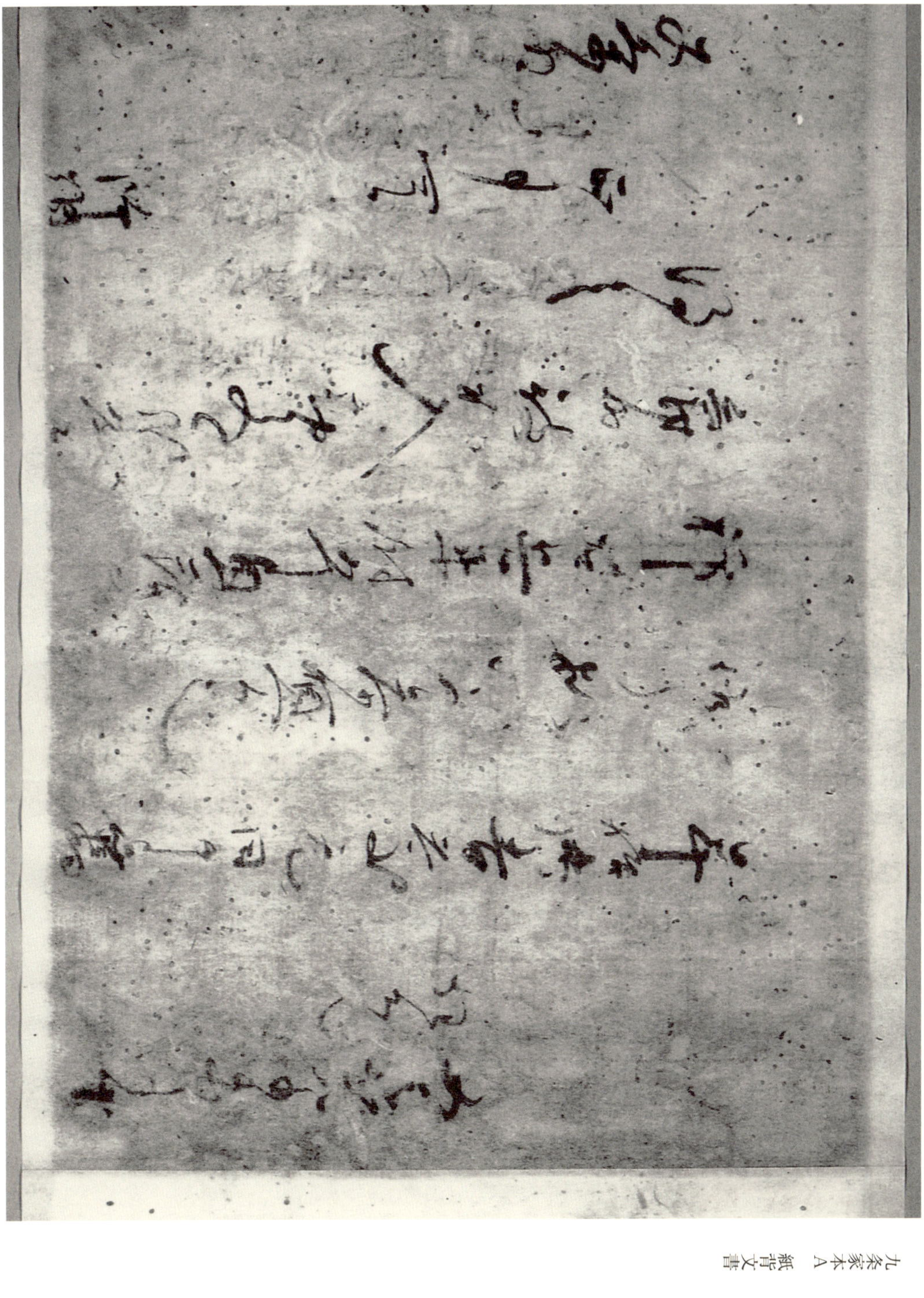

九条家本A　紙背文書

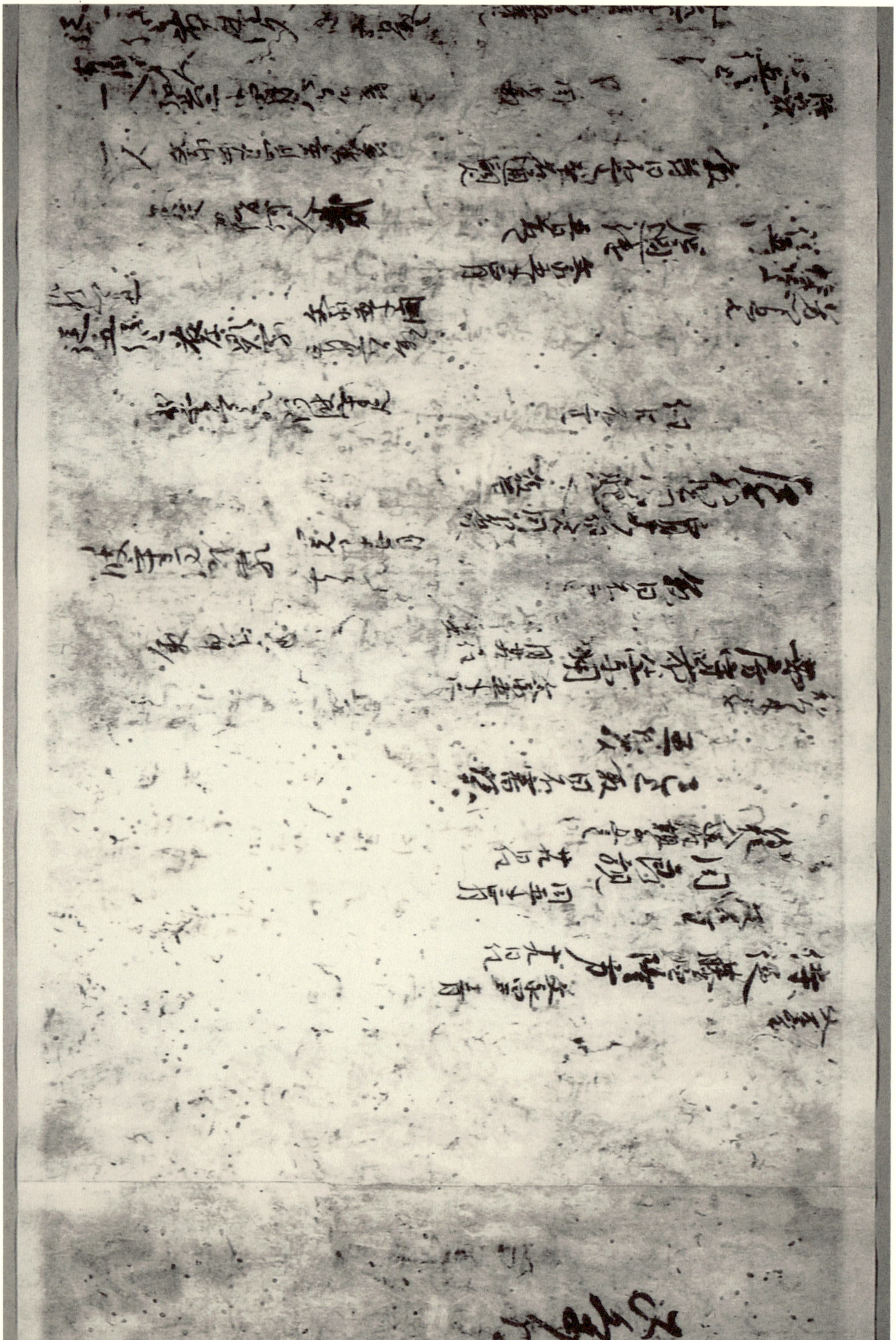

九条家本A　紙背文書

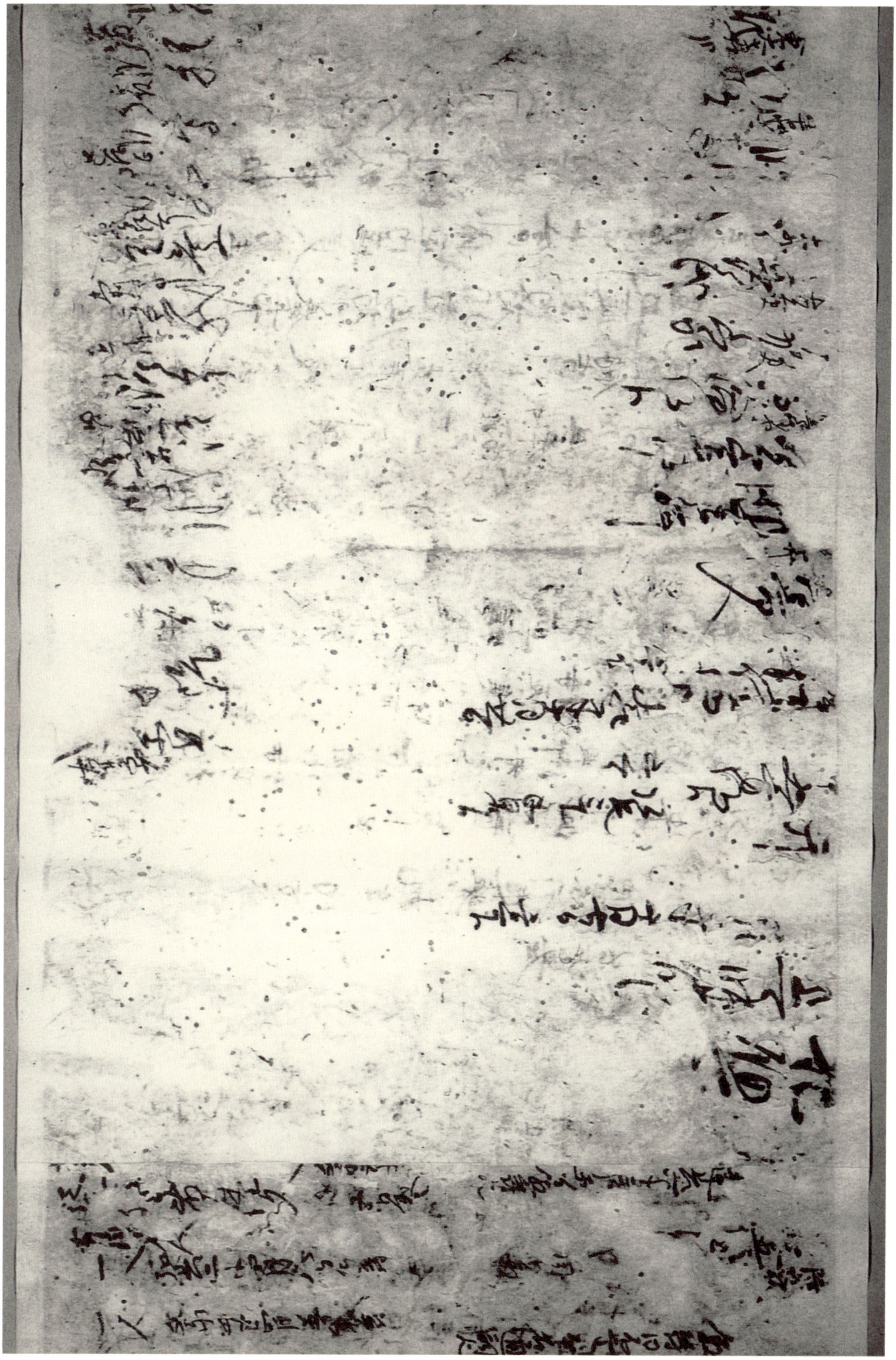

九条家本A　紙背文書

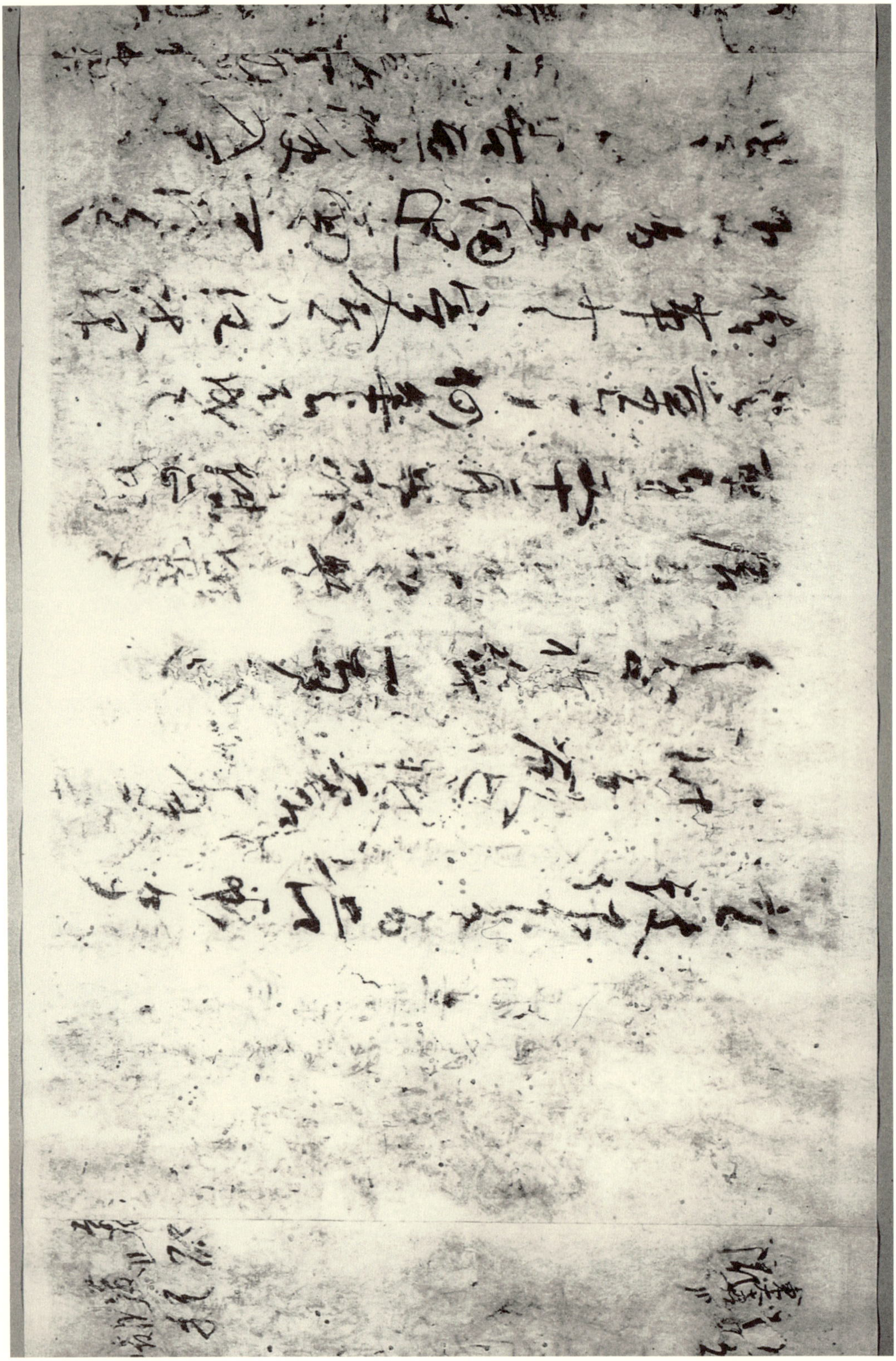

九条家本A 紙背文書

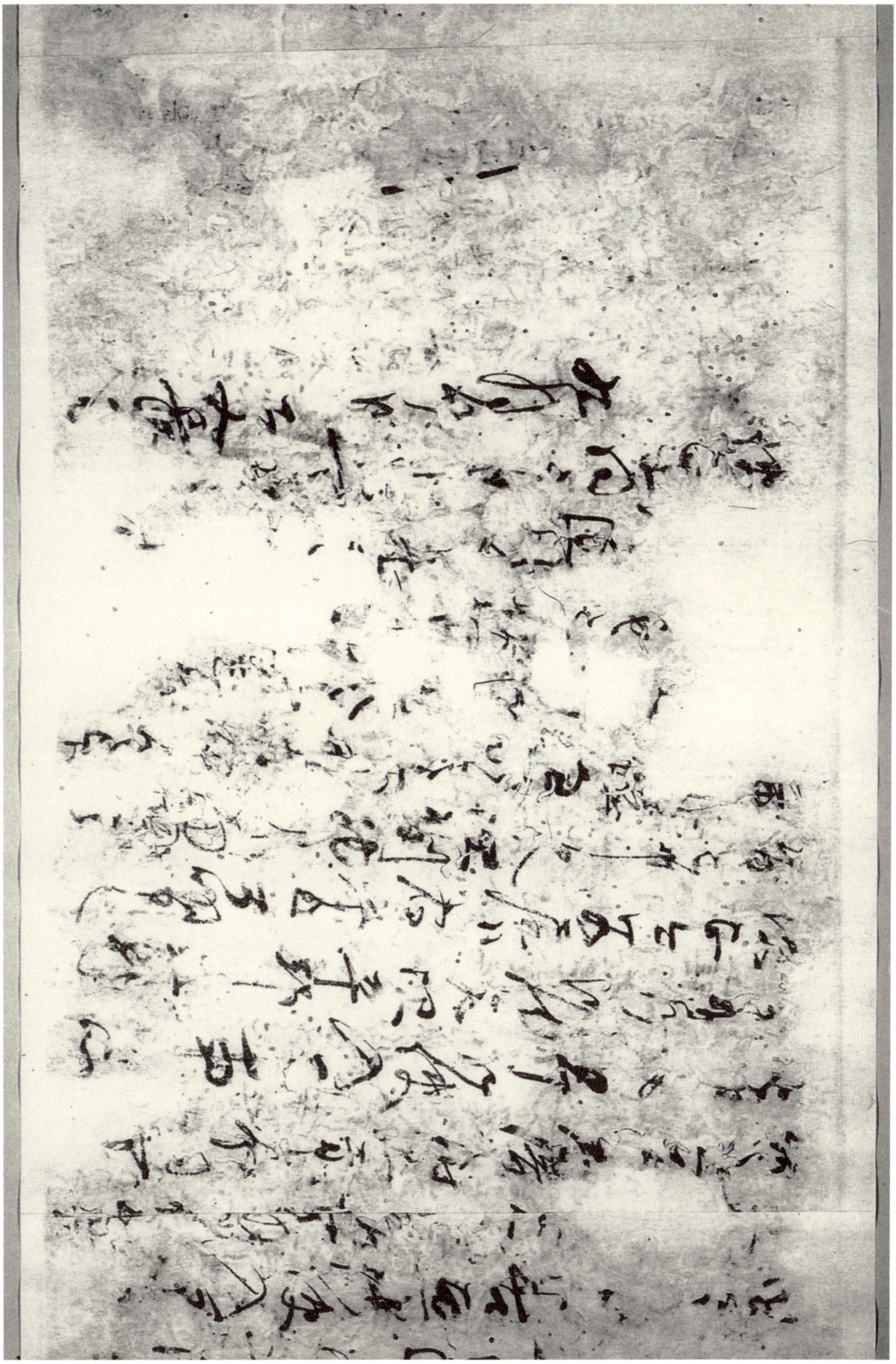

九条家本A　紙背文書

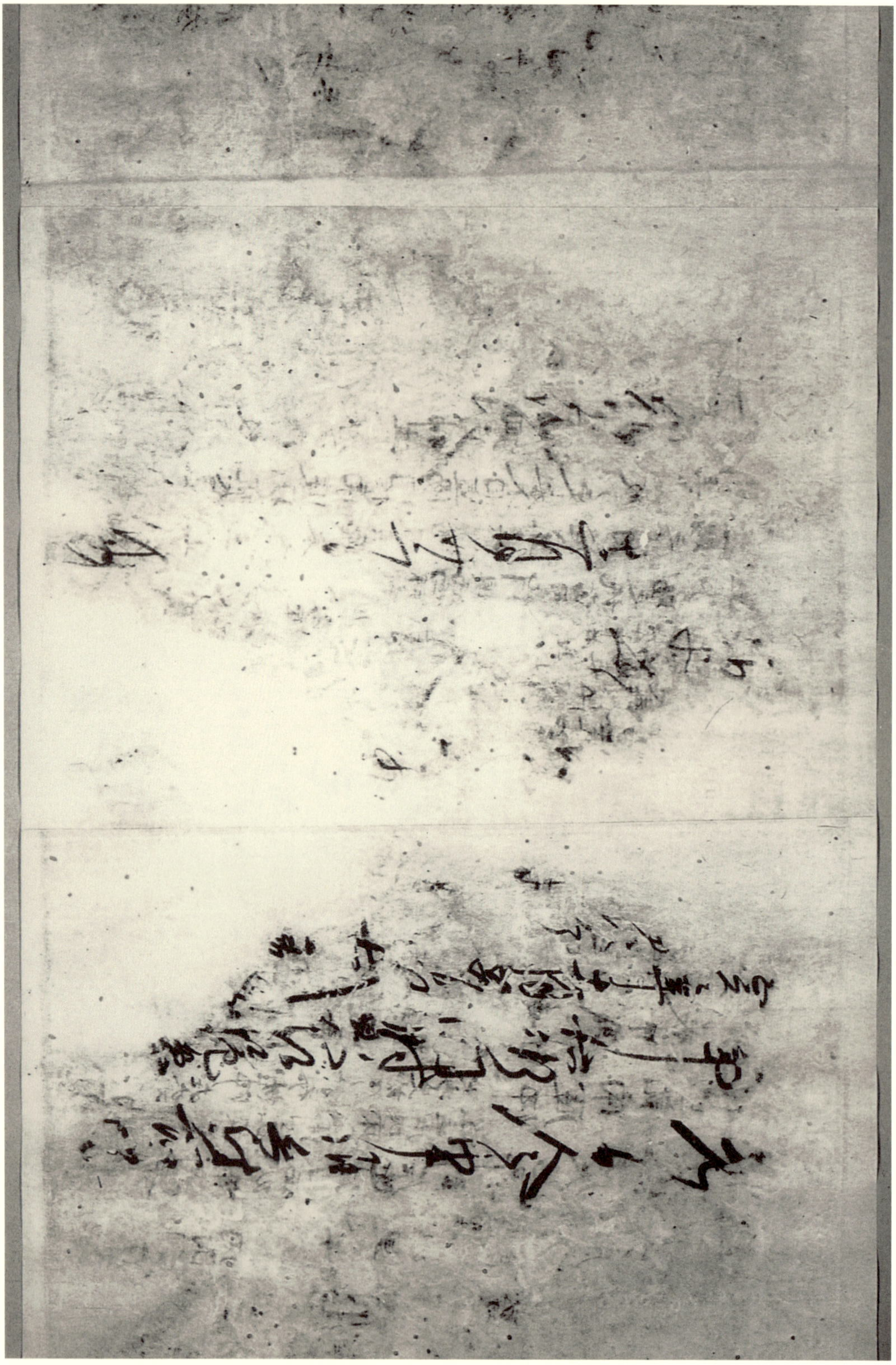

九条家本A　紙背文書

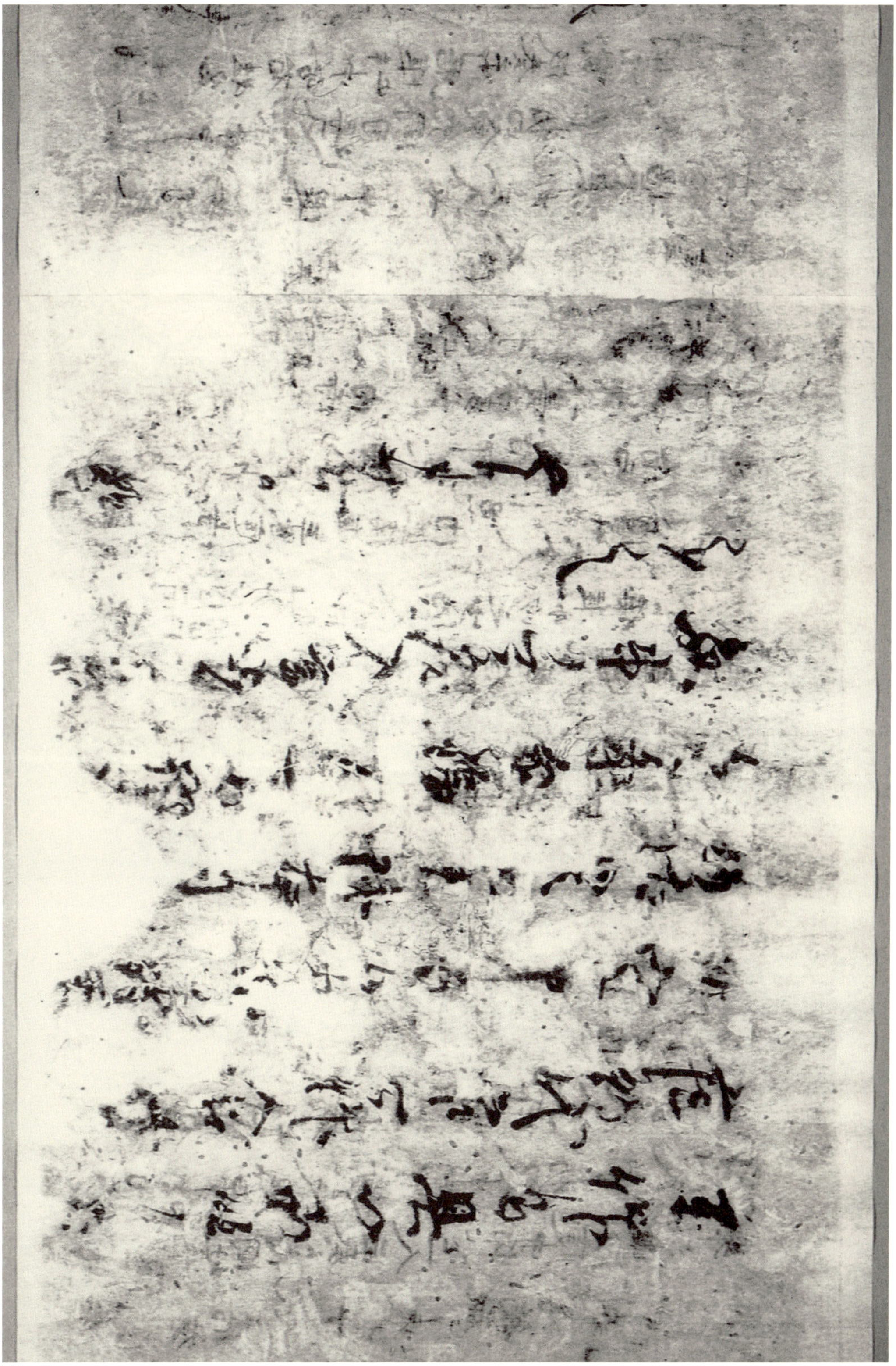

九条家本Ａ　紙背文書

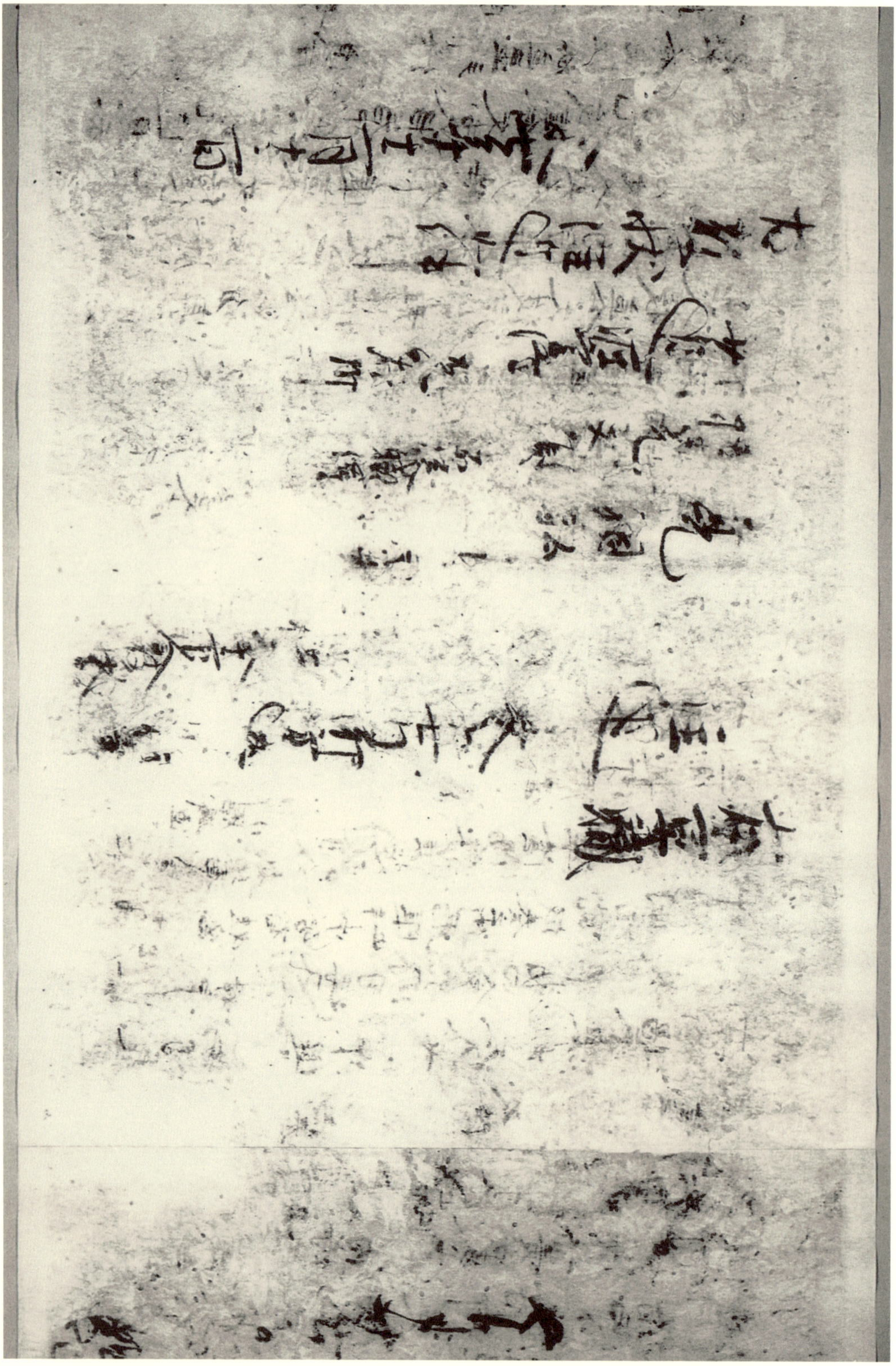

九条家本A　紙背文書

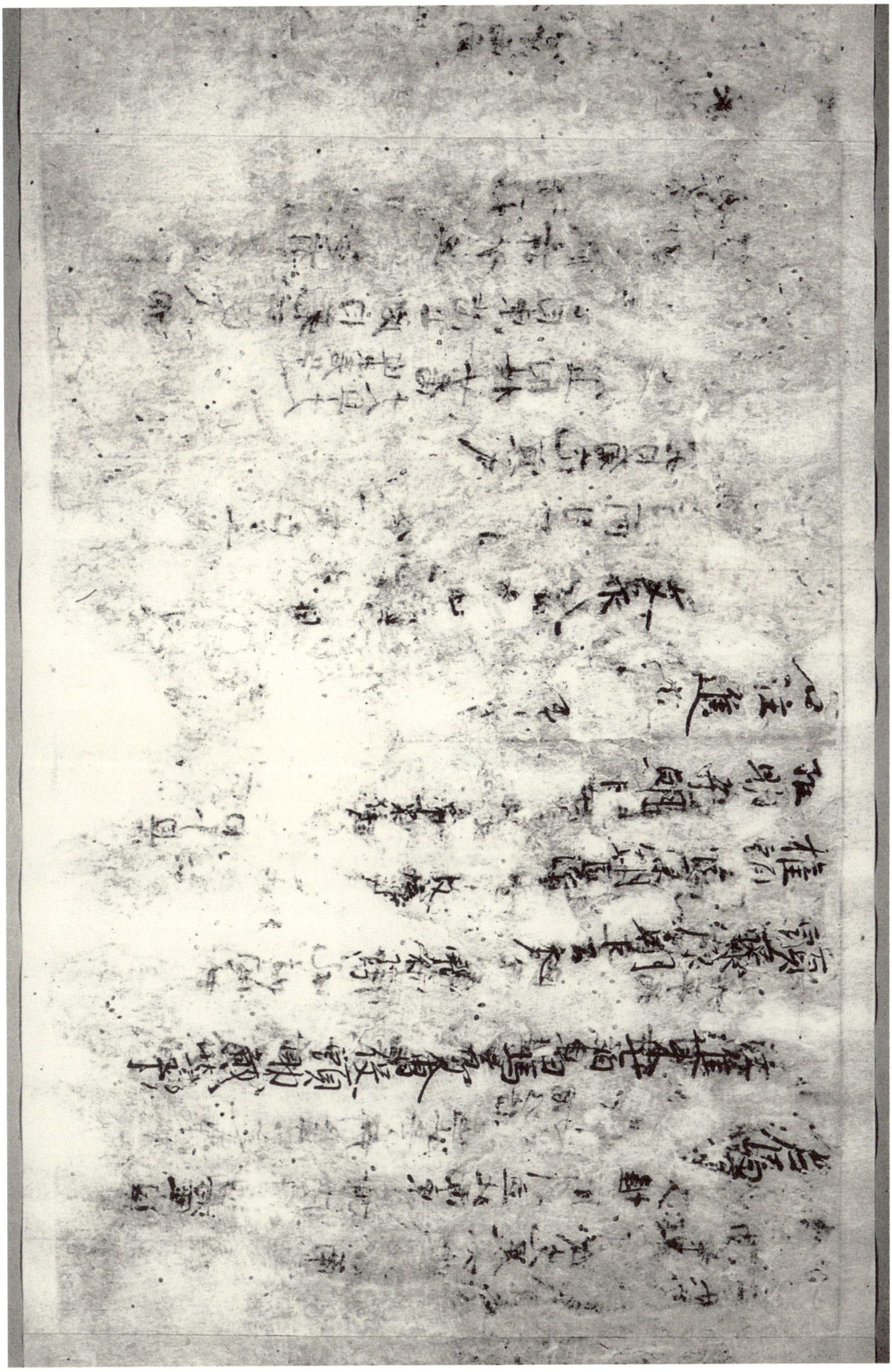

九条家本A　紙背文書

九条家本A　紙背文書

九条家本A　紙背文書

九条家本A　紙背文書

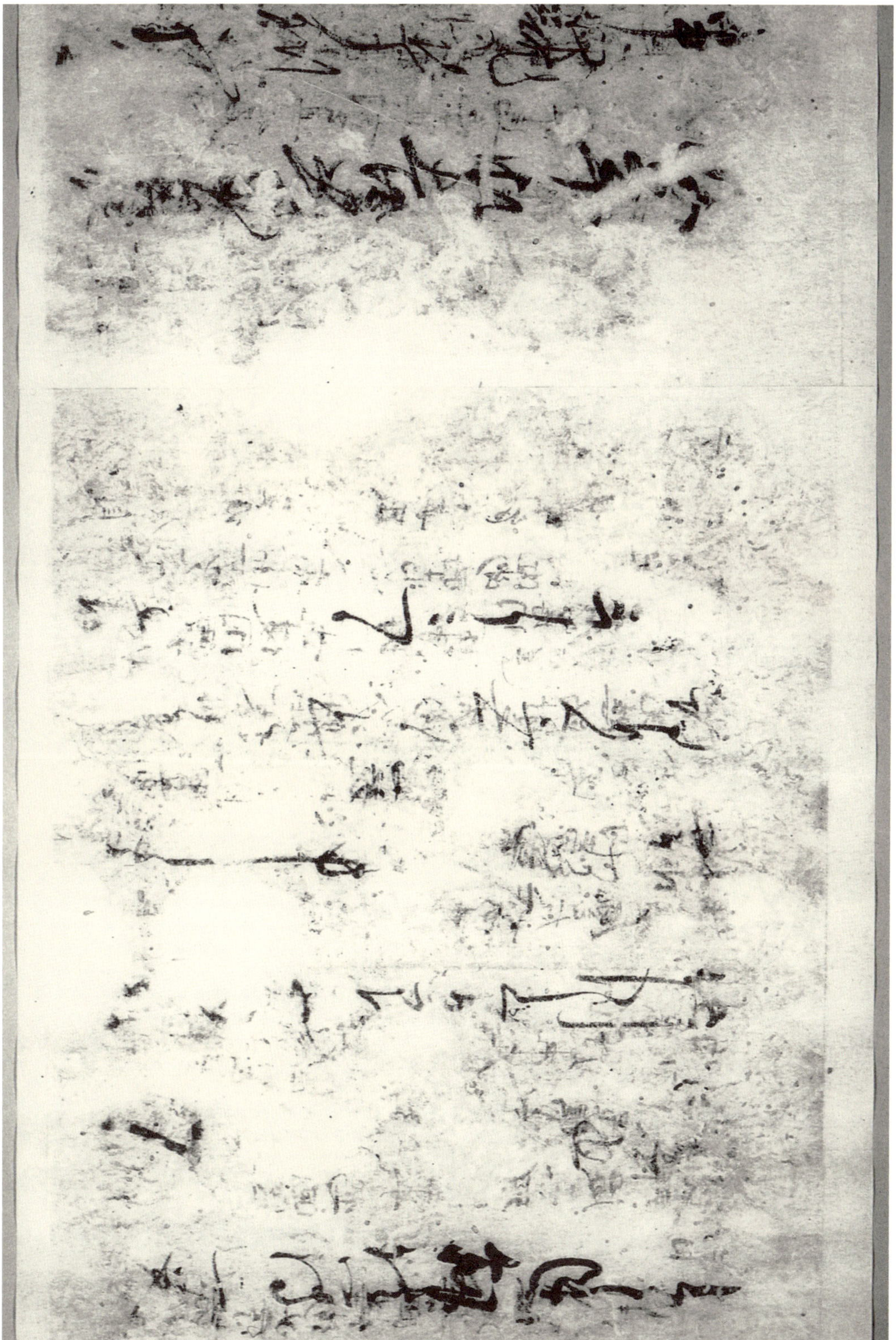

九条家本A　紙背文書

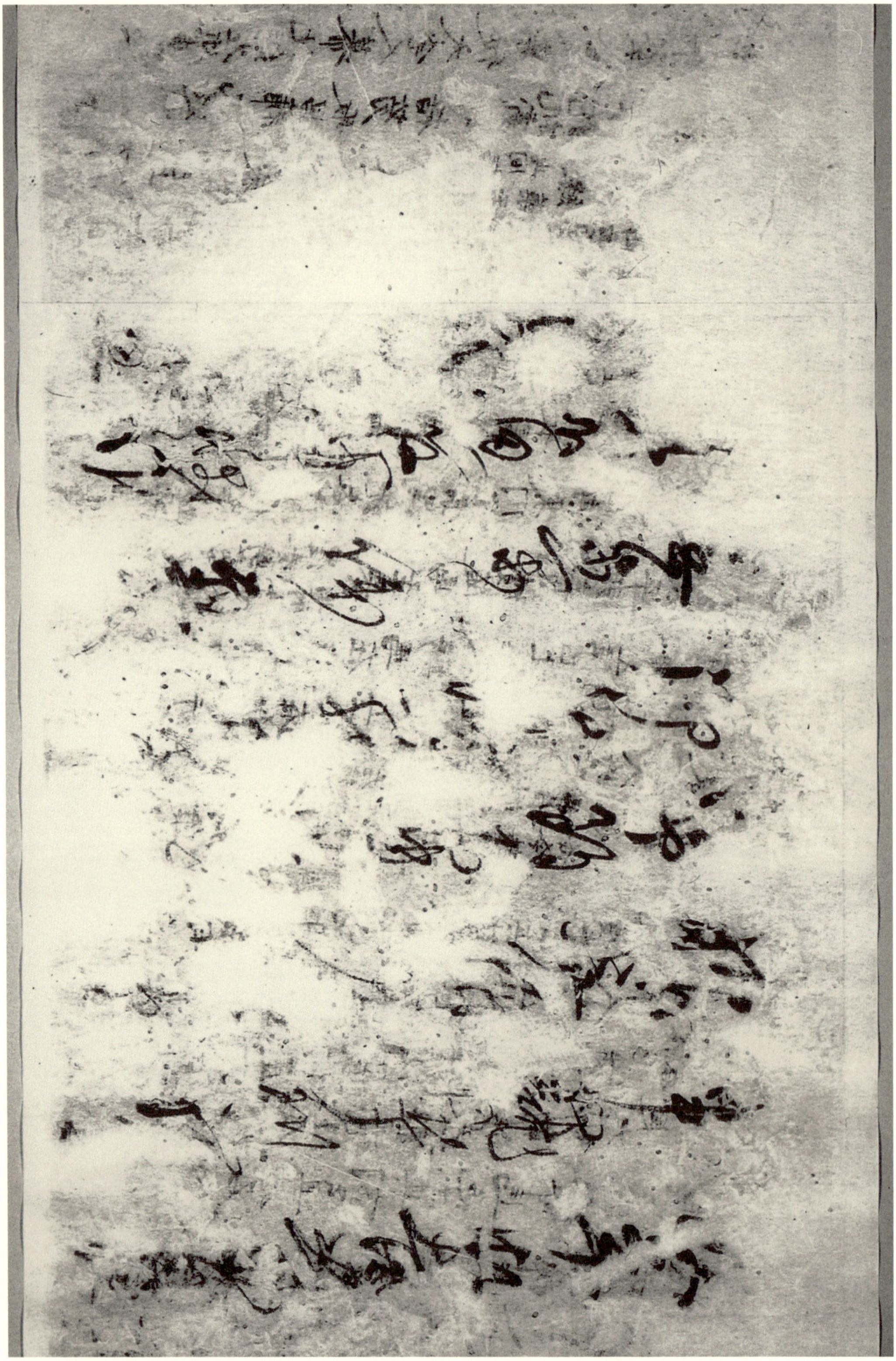

九条家本A　紙背文書

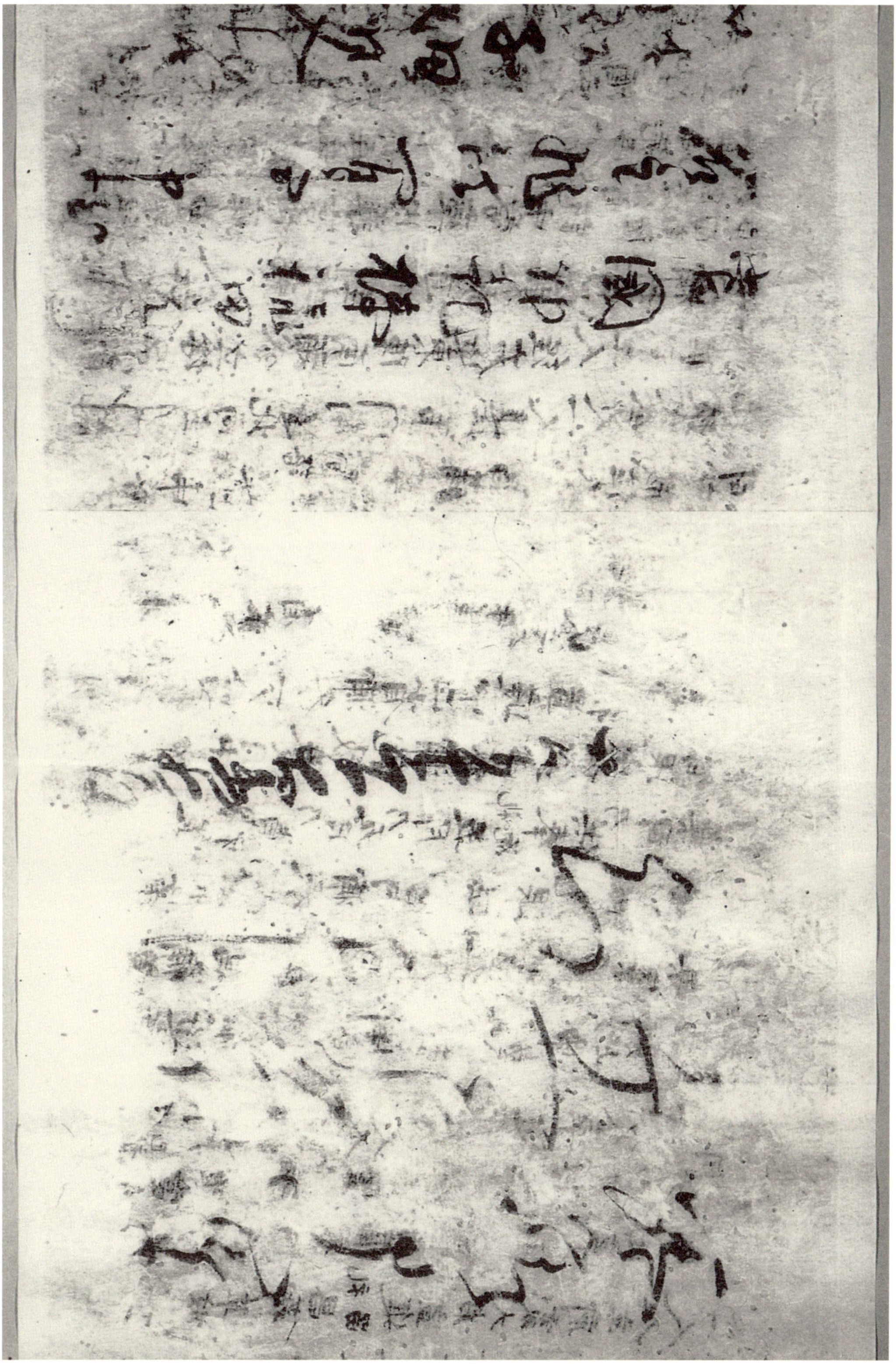

九条家本A　紙背文書

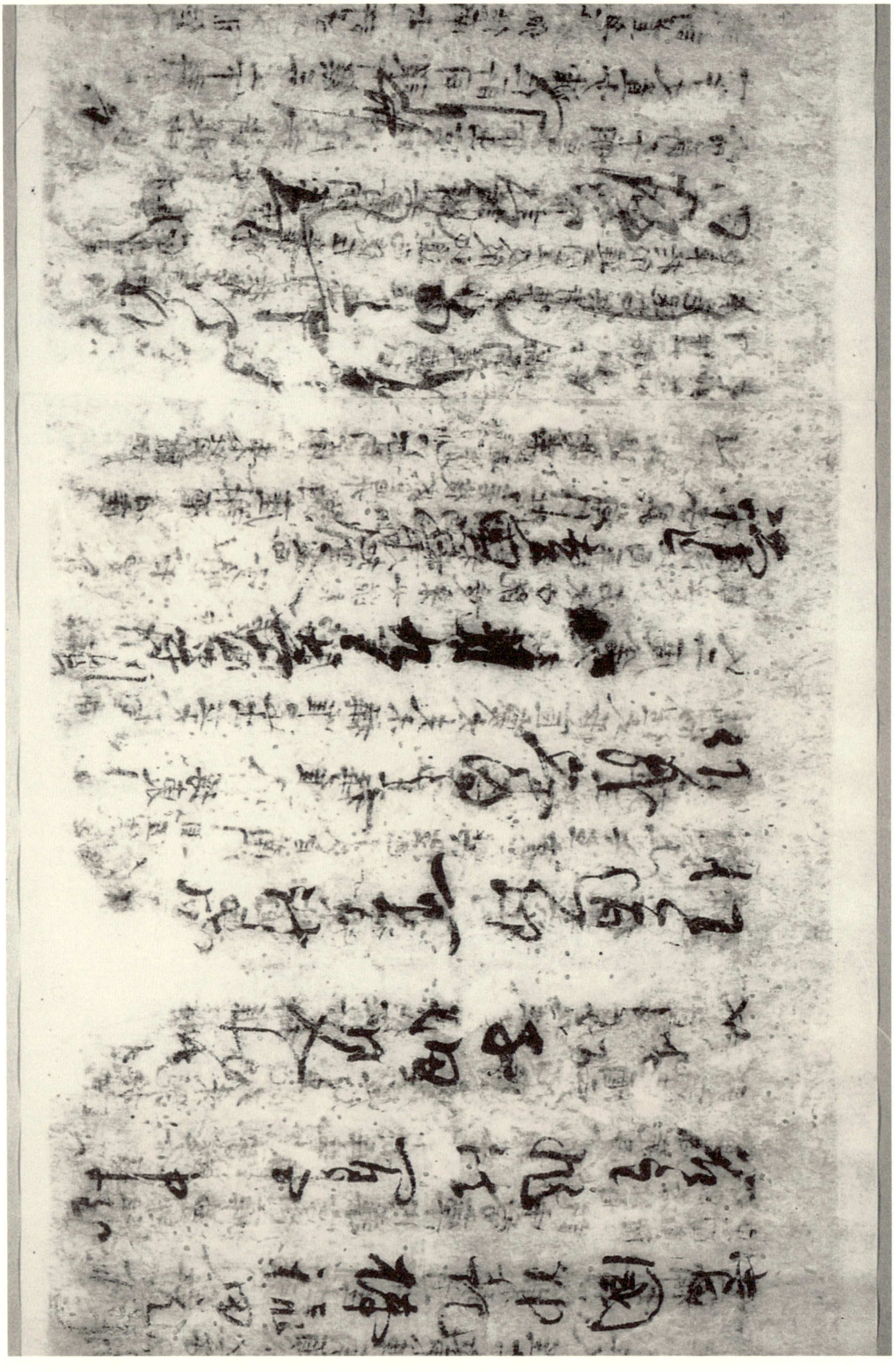

九条家本A　紙背文書

九条家本A　紙背文書

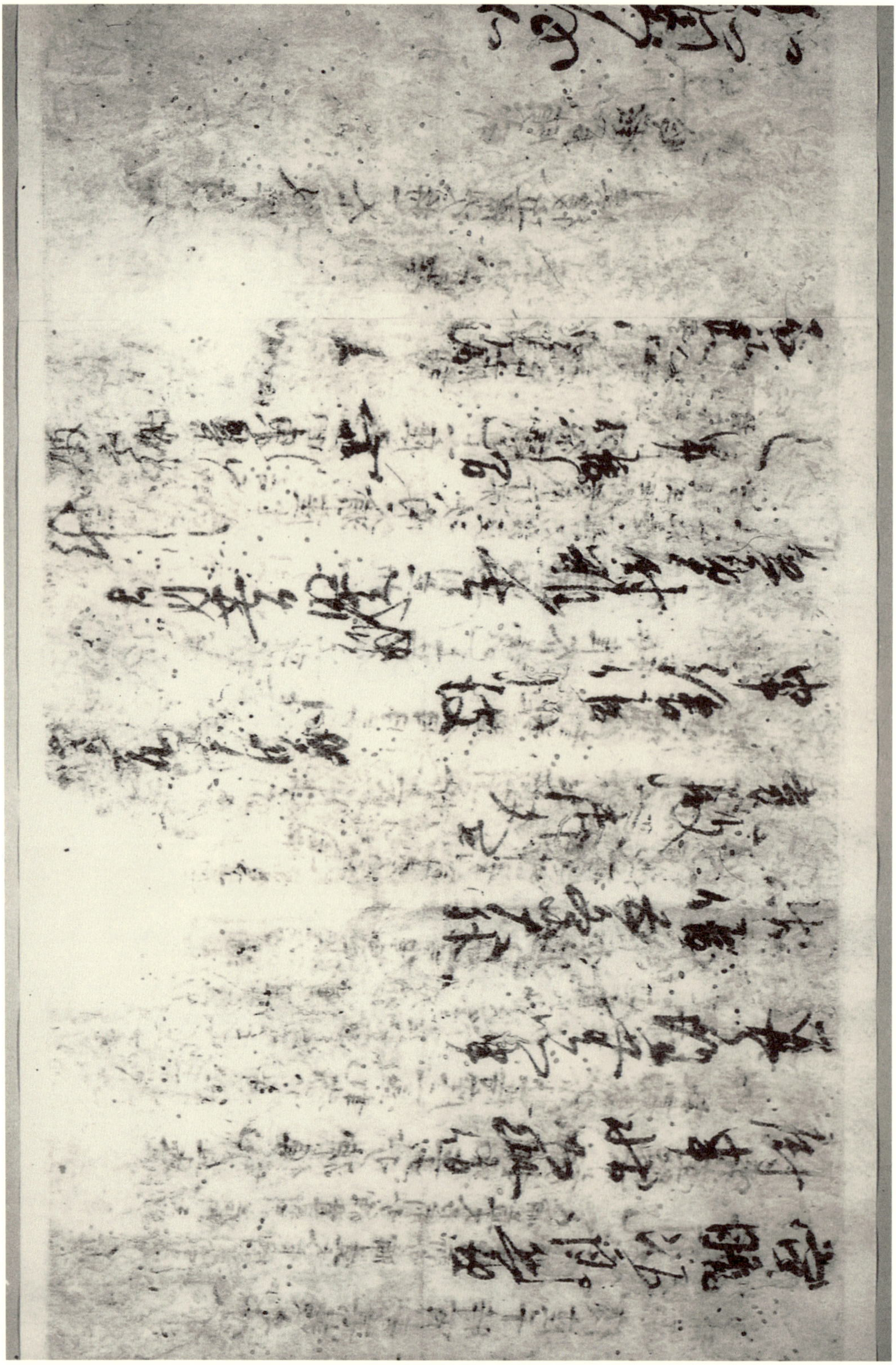

九条家本A　紙背文書

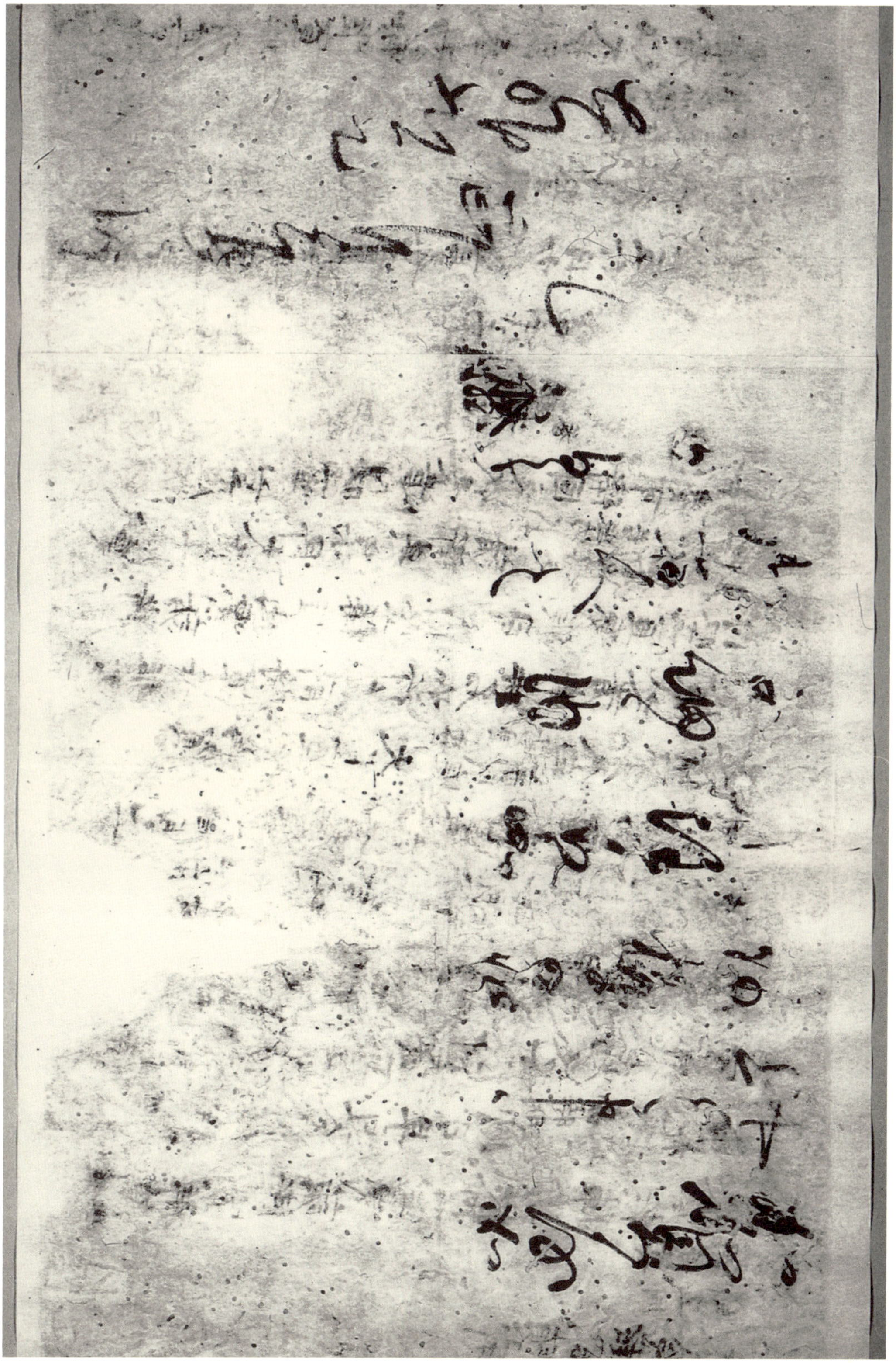

九条家本A　紙背文書

九条家本A　紙背文書

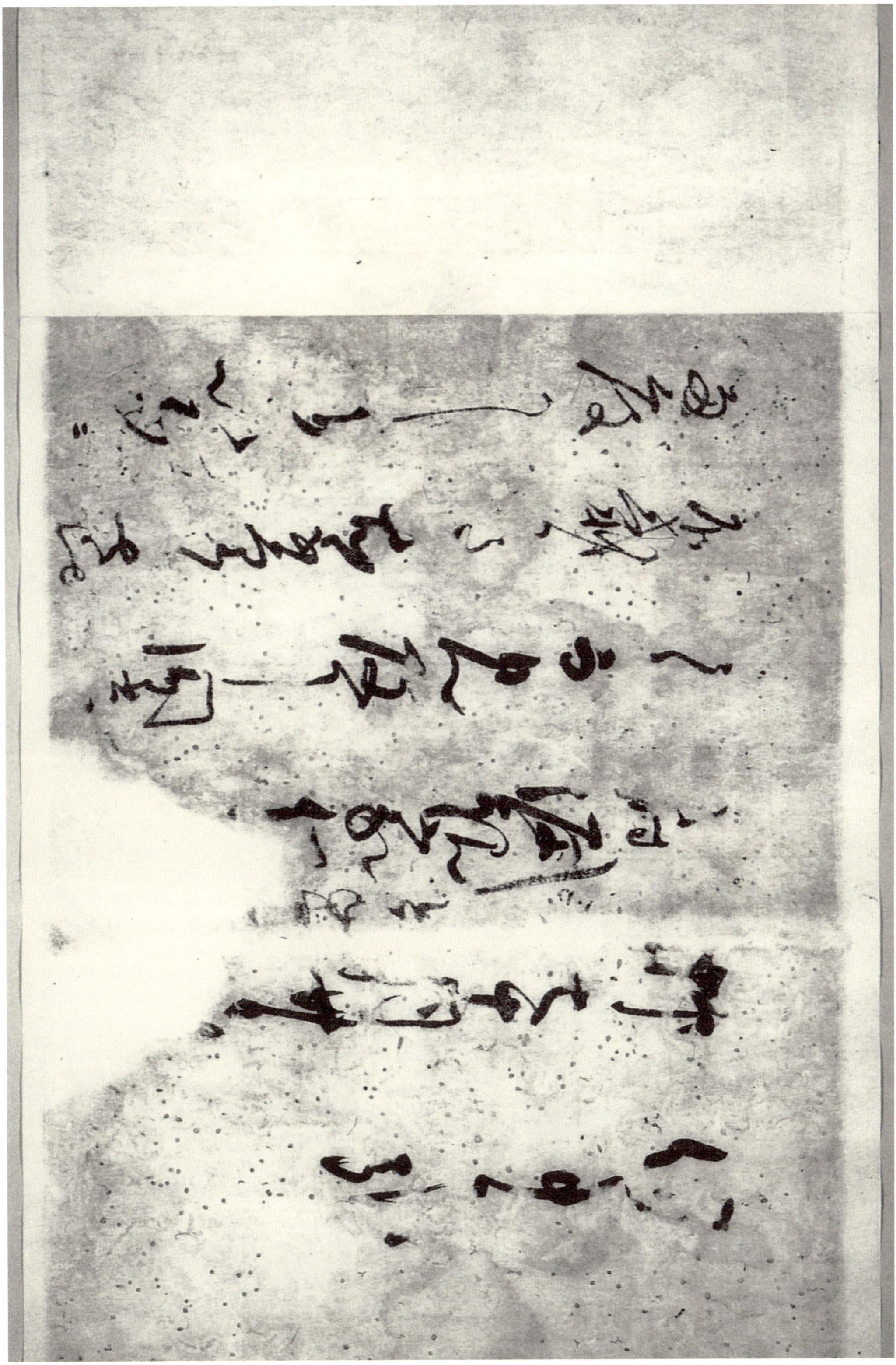

九条家本A　紙背文書

宮内庁書陵部所蔵九条家本『内裏式』B
表紙

九条家本B　表紙見返／旧表紙

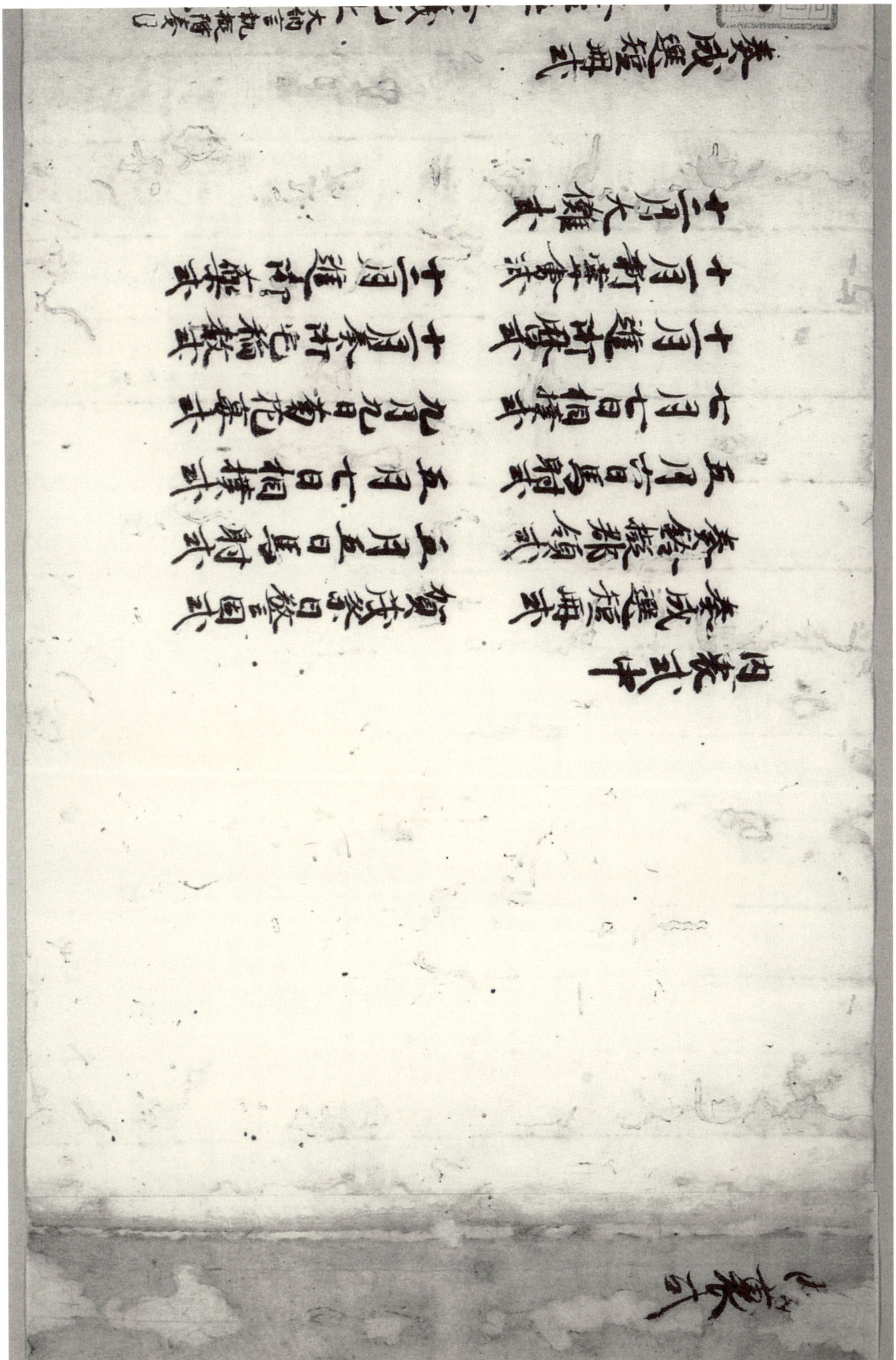

九条家本B　旧表紙／内裏式中　目録・奏成選短冊式

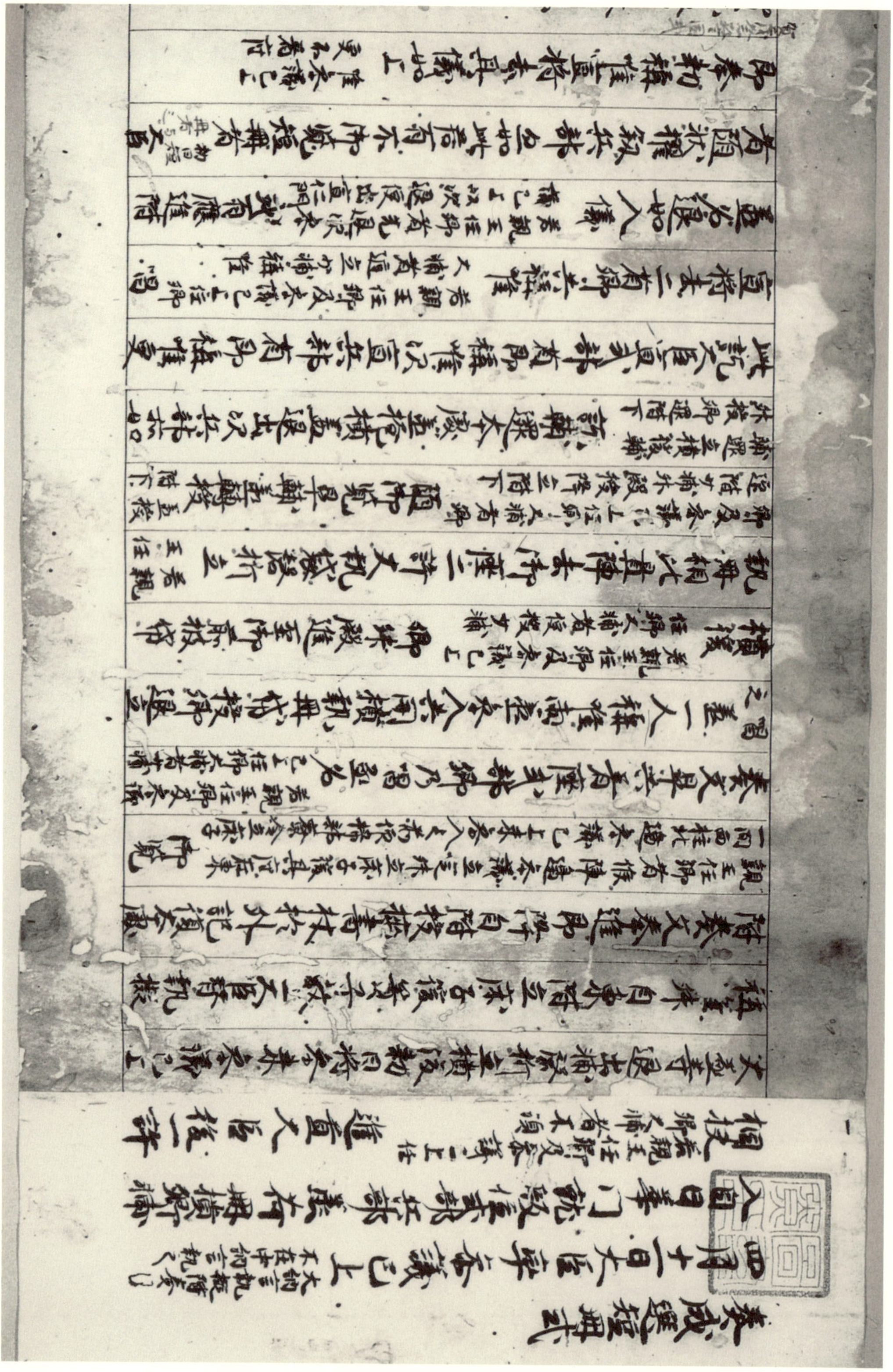

九条家本B
内裏式中
奏成選短冊式

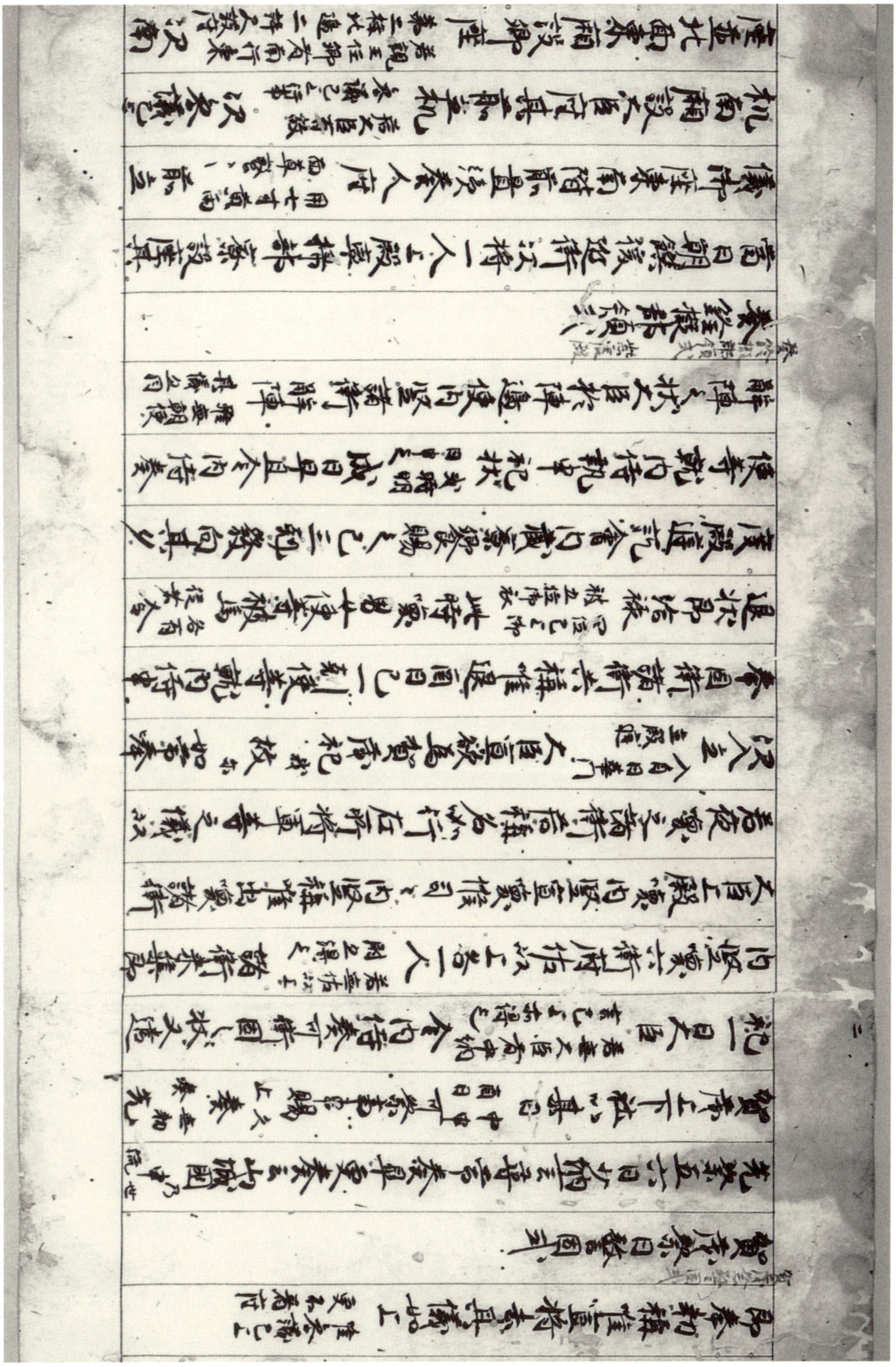

九条家本B
内裏式中
奏成選短冊式・賀茂祭日警固式・奏銓擬郡領式

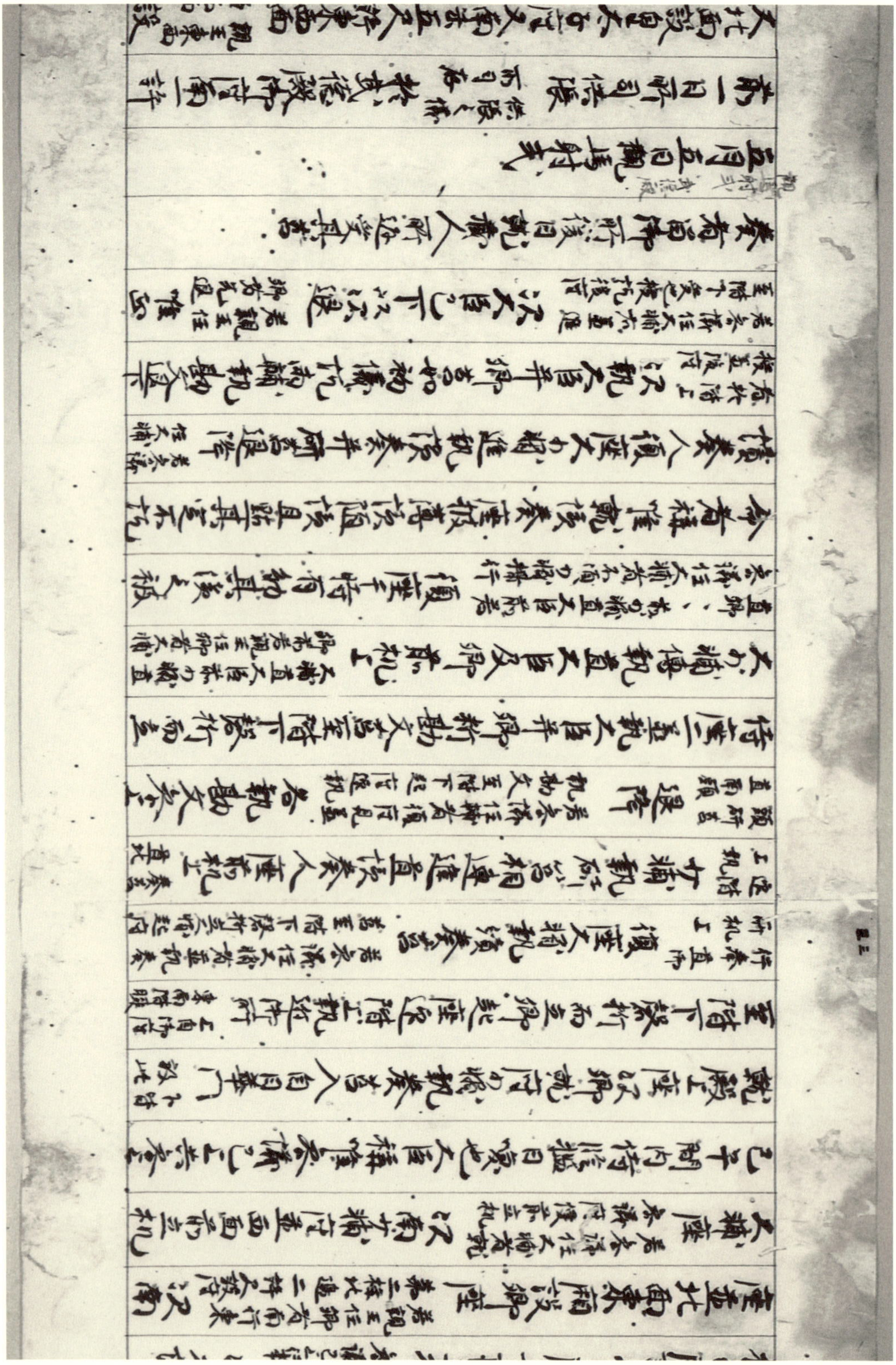

九条家本B　内裏式中　奏銓擬郡領式・五月五日馬射式

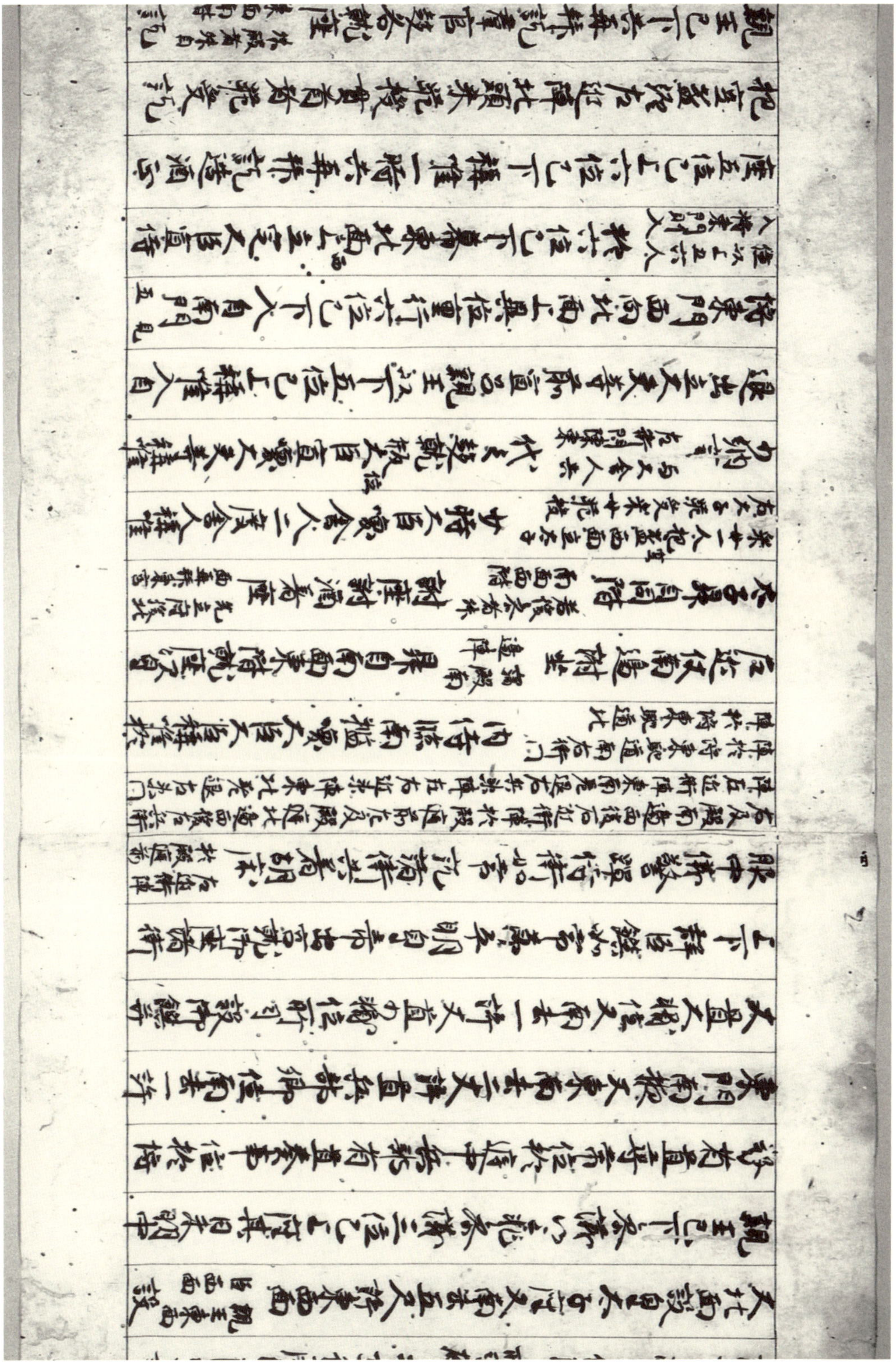

九条家本B
内裏式中
五月五日馬射式

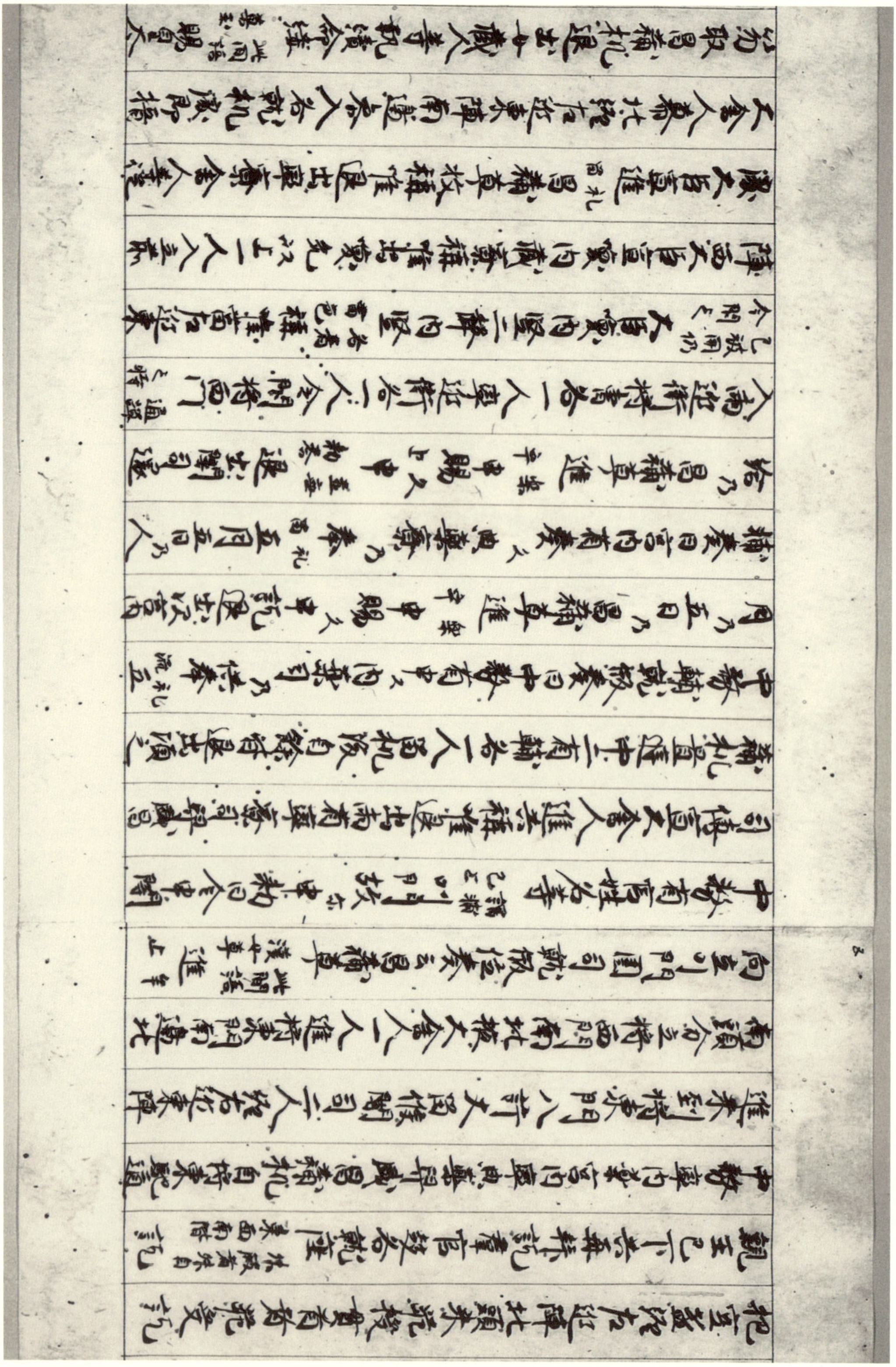
把室蓋絁右近陣北頭來就授貫首箭乾受訖
親王已下共再拜訖群官起各就座（外廠者外自東西南階）訖
中務率内薬宮内率典薬寮盛菖蒲机自將東驅道
進來到將東門八許丈留候闈司二人絁右近東陣
南頭分立將西門南北掖大舍人一人進將東門南邊北
向立叫門闈司就版位奏云菖蒲草（此間語漢女草）進（年止）
中務有官姓名等（謂潚乙ヒ）叫門故尓申勅曰令申聞
司傳宣大舍人進告稱唯退出南有薬寮司舁盛菖
蒲机置庭中二有輔各一人留机後自餘皆退出須之
中務輔就版奏曰中務省申久内薬司乃供奉（礼流）五
月乃五日乃菖蒲草進（楽宇）申賜久申訖退出次宮内
輔奏曰宮内省奏久典薬寮乃奉（礼留）五月五日乃人
給乃菖蒲草進（楽宇）申賜久申（止畫勅答）退出闈司還
入南迎衛將曹各一人率近衛各一人令開將西門（通謂之将）
（乙被開仍令開之）大臣宣内竪二聲内竪（各音當色）稱唯當右近東
陣西大臣宣喚内藏寮稱唯出喚允以上一人入立菸
處大臣宣進（札留）菖蒲草收稱唯退出率寮舍人等從
大舍人寮北絁右近東陣南邊各入各就机處即搢
笏取菖蒲机退出女藏人等執續命縷（此間語藥玉）賜皇太

九条家本Ｂ　内裏式中　五月五日馬射式

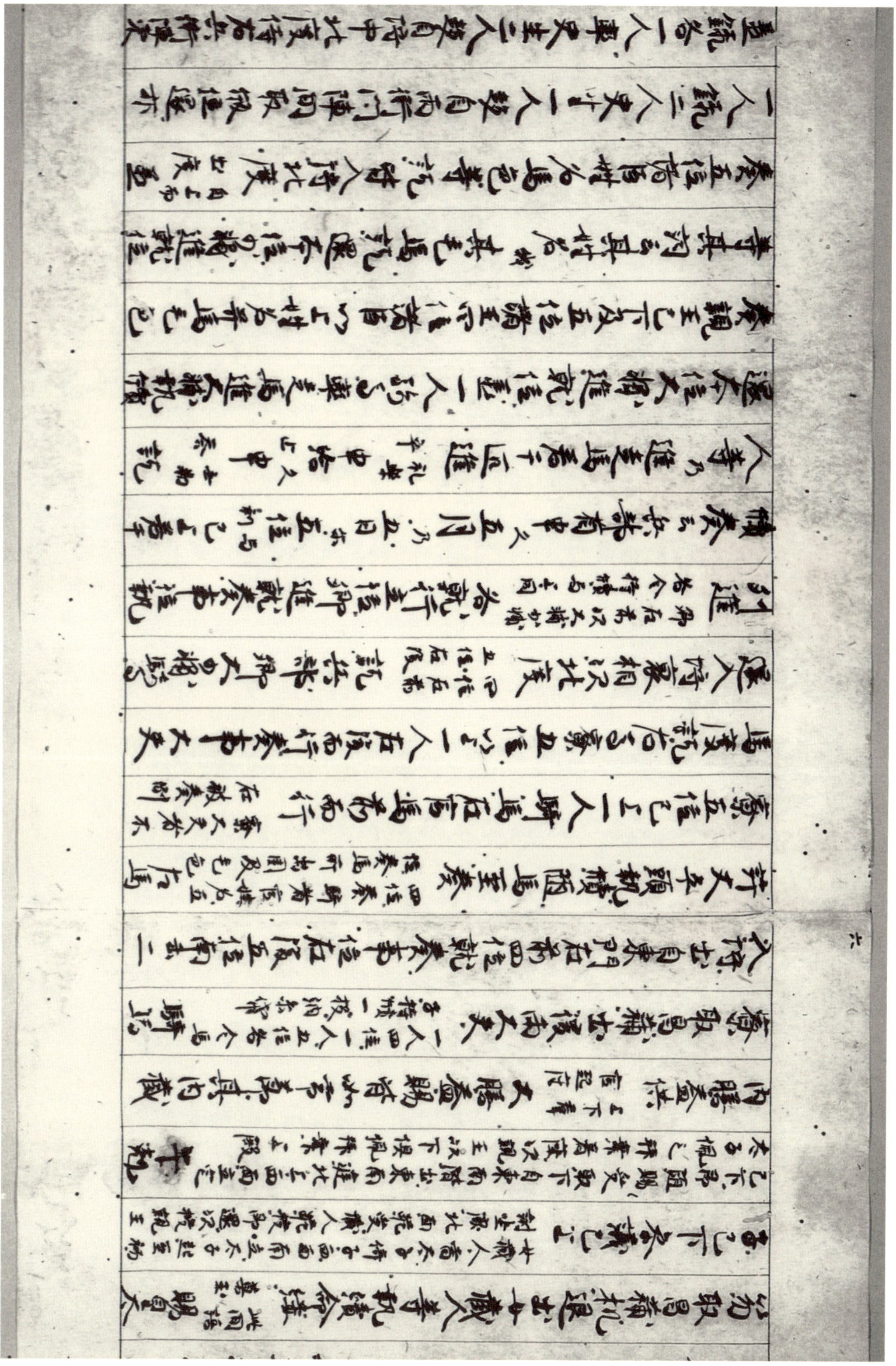

九条家本B
内裏式中
五月五日馬射式

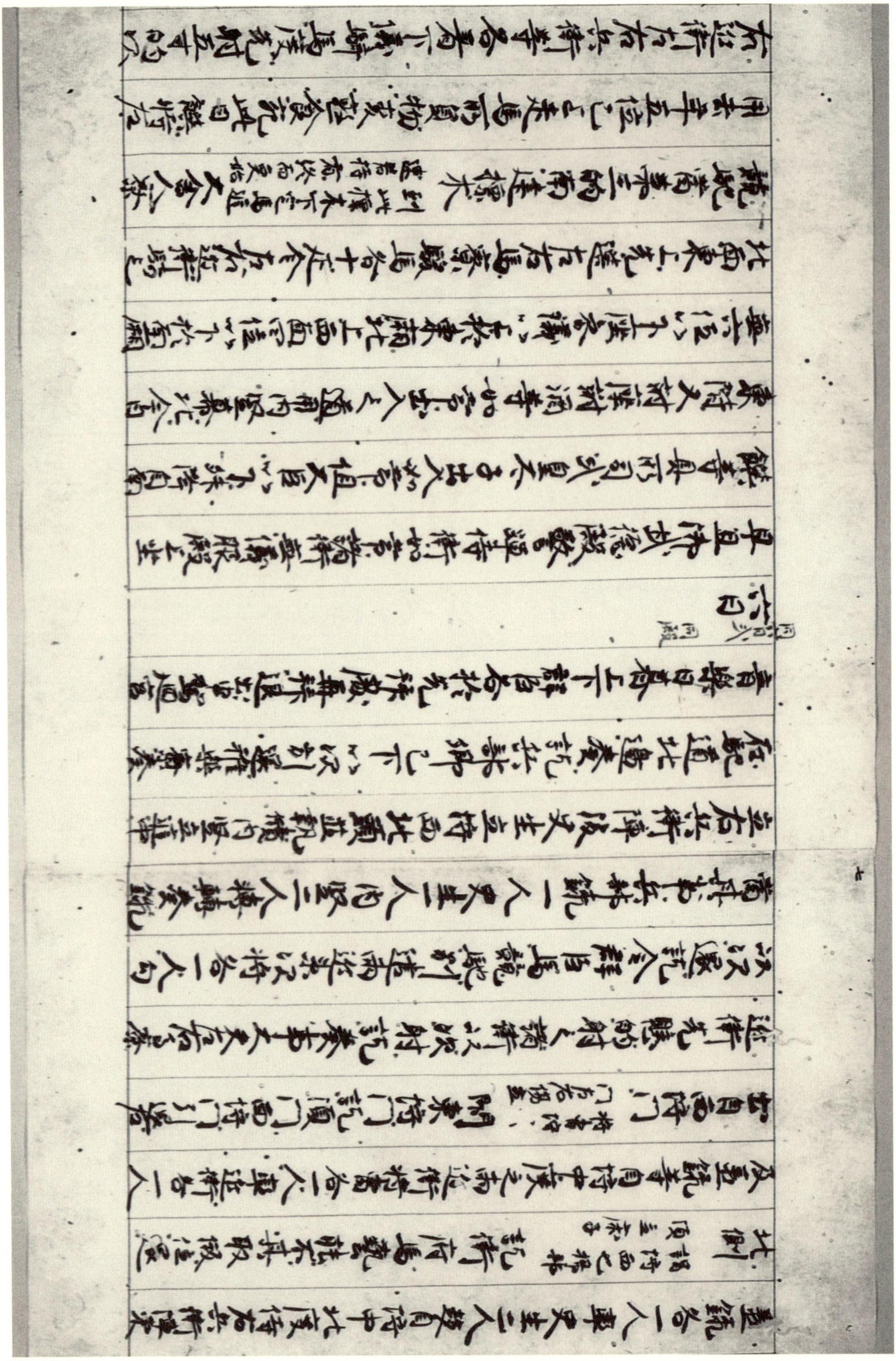

九条家本B
内裏式中
五月五日馬射式・五月六日馬射式

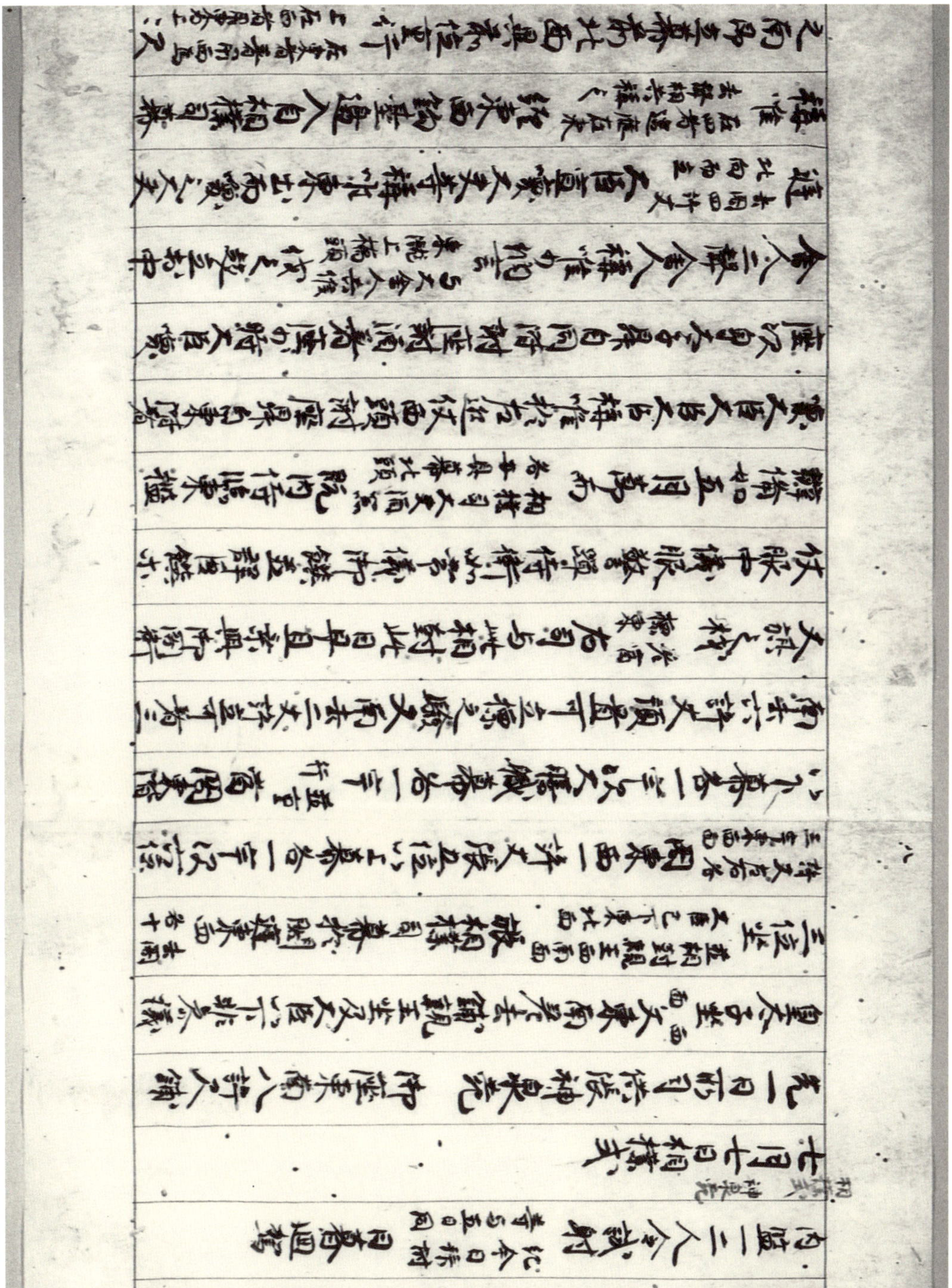

九条家本B
内裏式中
五月六日馬射式・七月七日相撲式

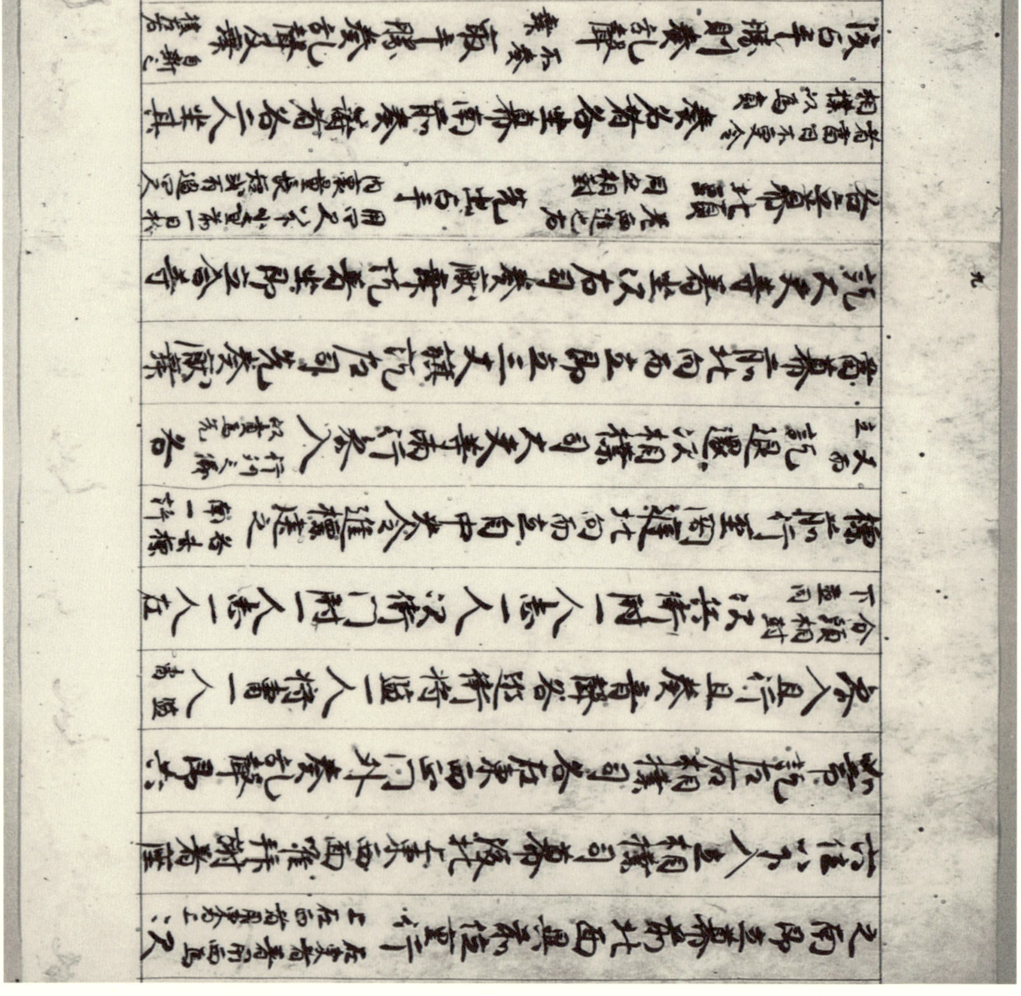

九条家本B
内裏式中
七月七日相撲式・七月八日相撲式

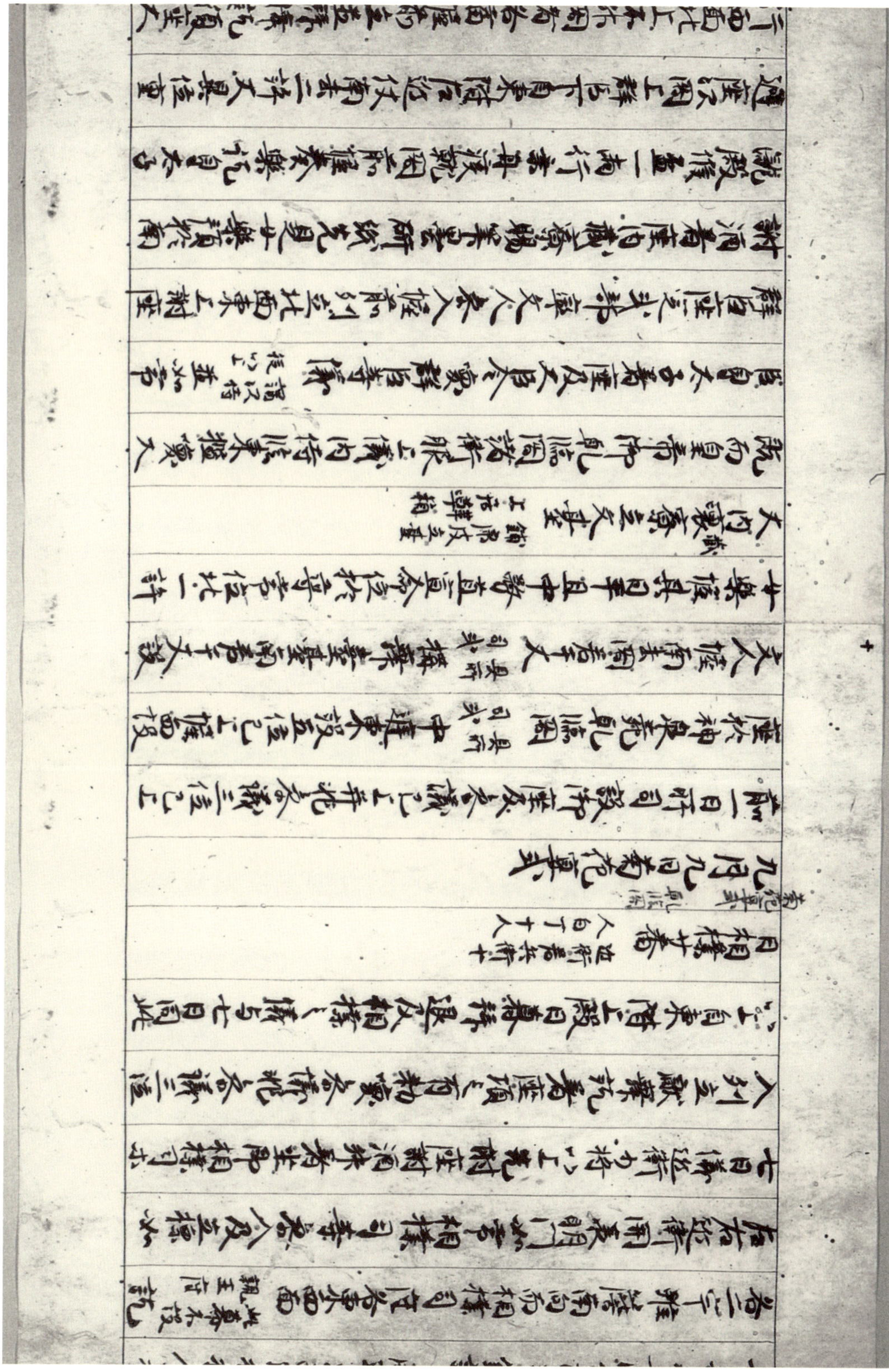

九条家本B
内裏式中
七月八日相撲式・九月九日菊花宴式

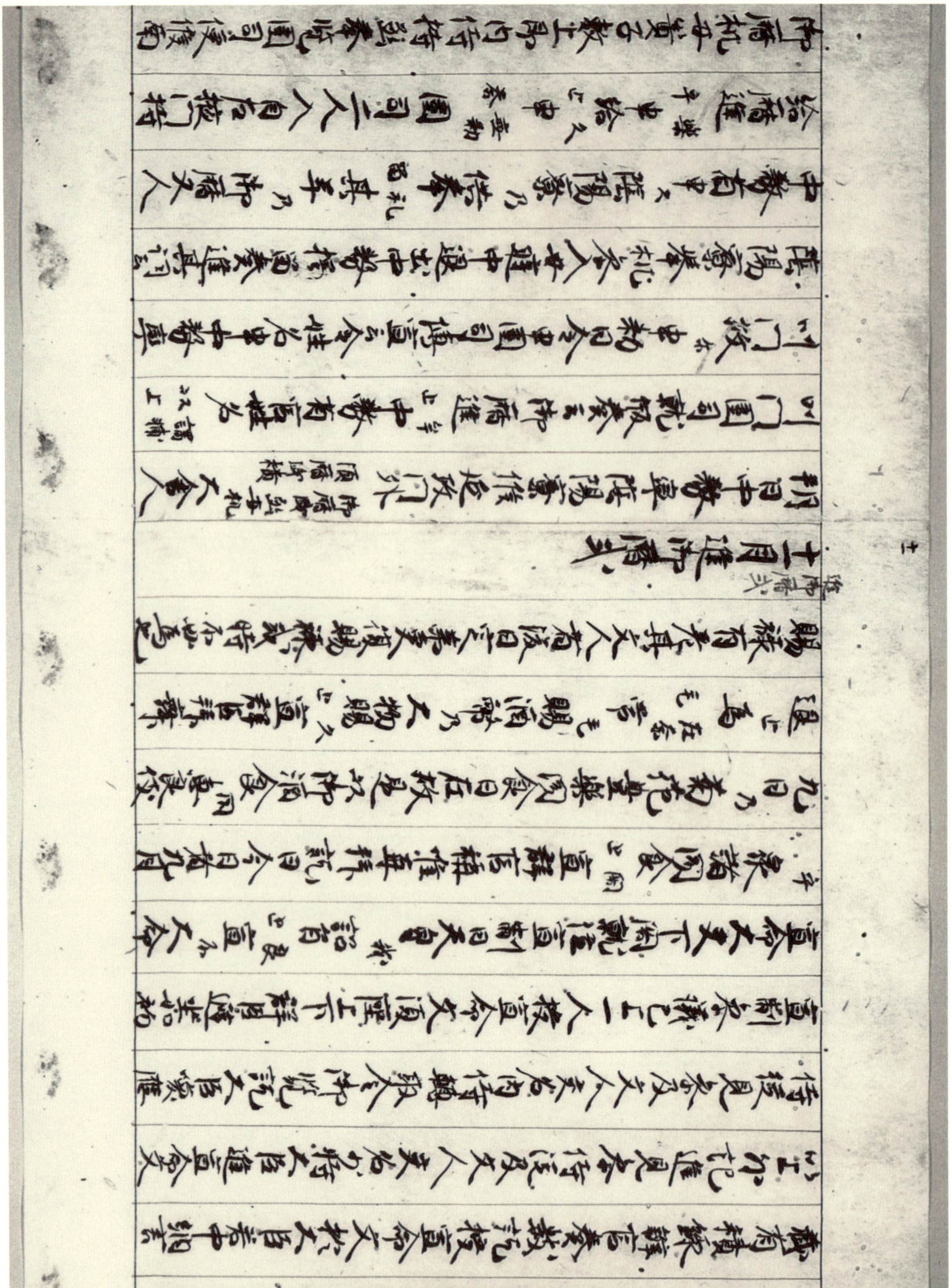

九条家本B
内裏式中
九月九日菊花宴式・十一月進御暦式

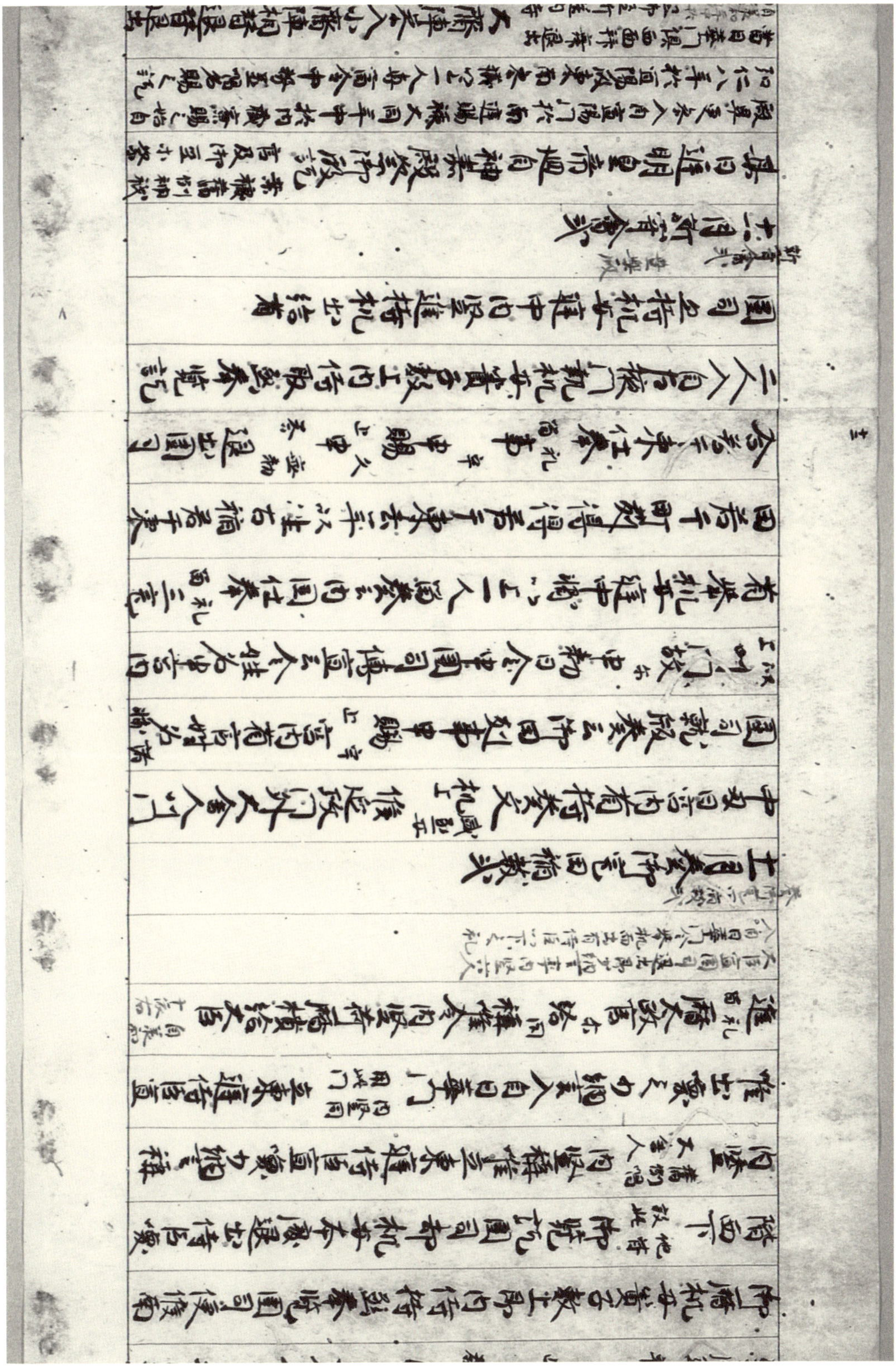

九条家本B
内裏式中　十一月進御暦式・十一月奏御宅田稲数式・十一月新嘗会式

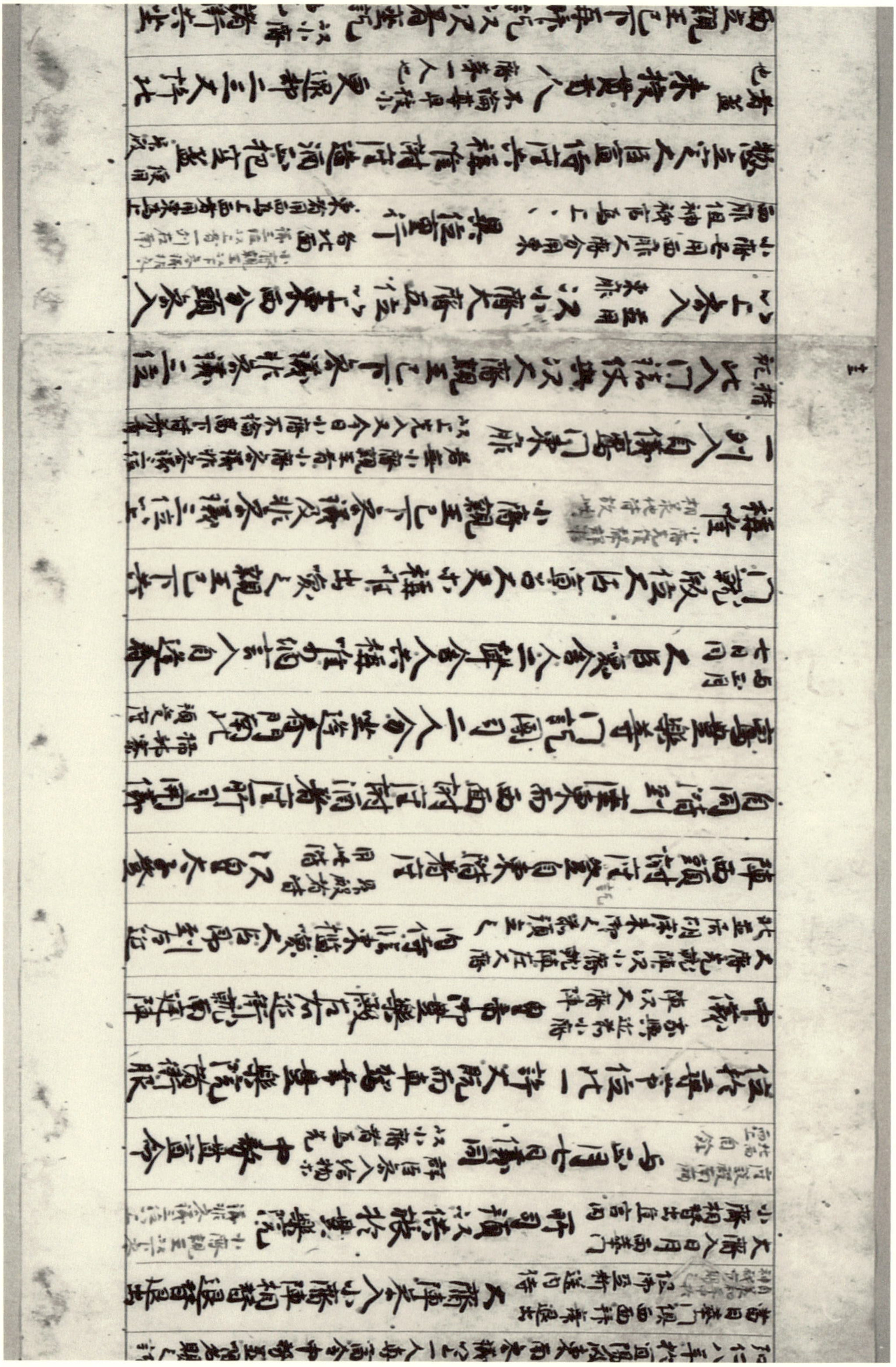

九条家本B
内裏式中
十一月新嘗会式

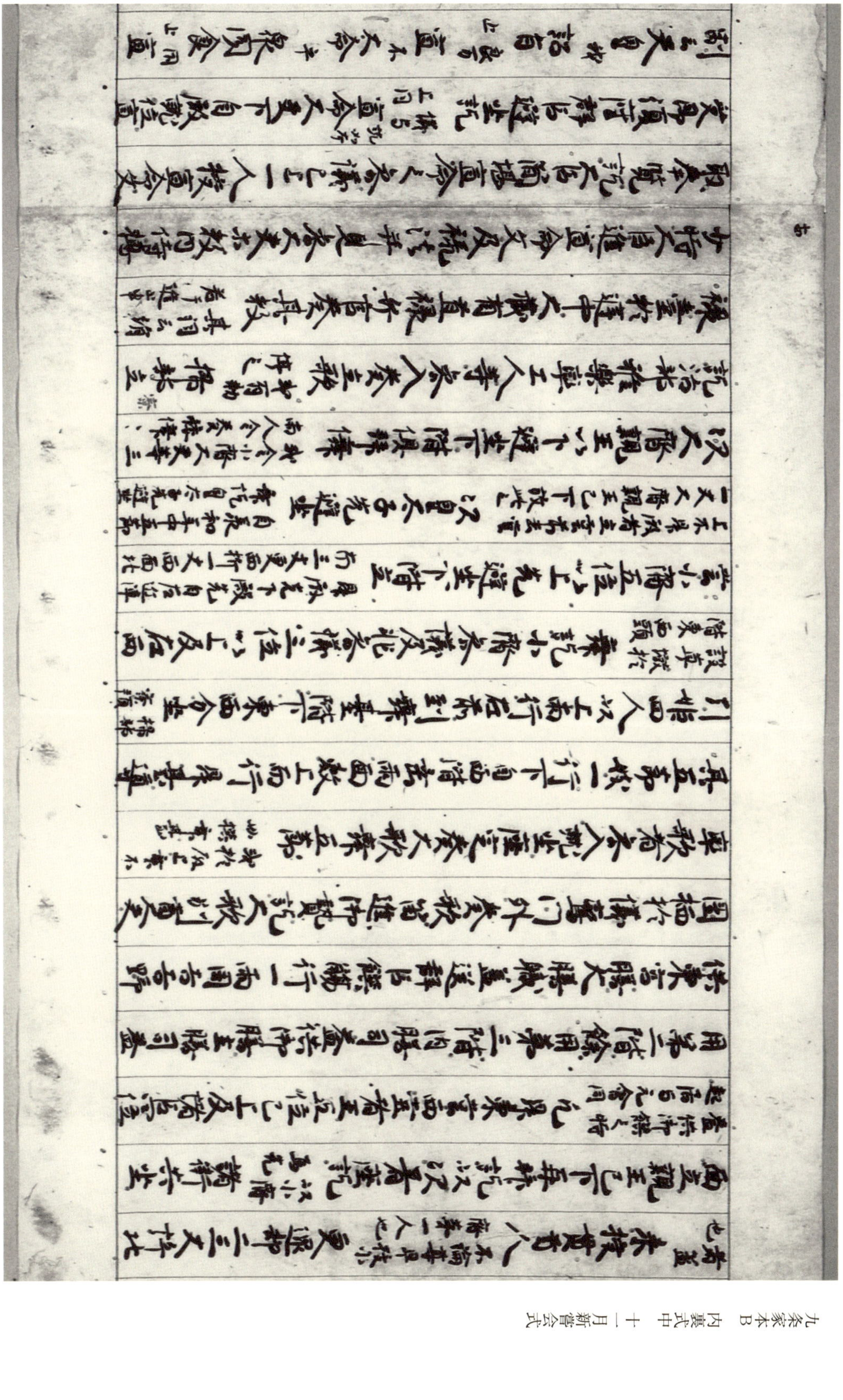

九条家本B　内裏式中　十一月新嘗会式

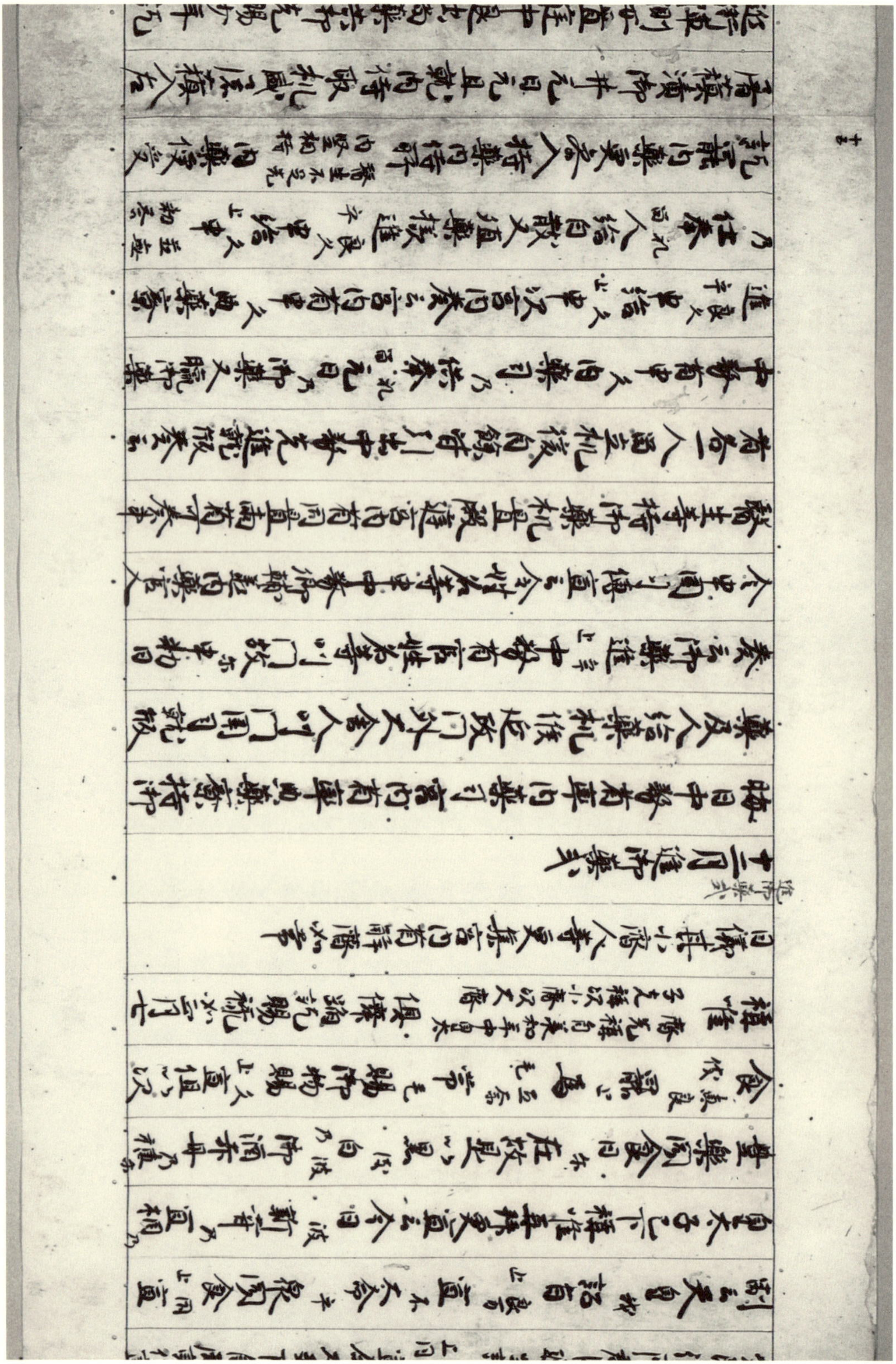

九条家本B
内裏式中
十一月新嘗会式・十二月進御薬式

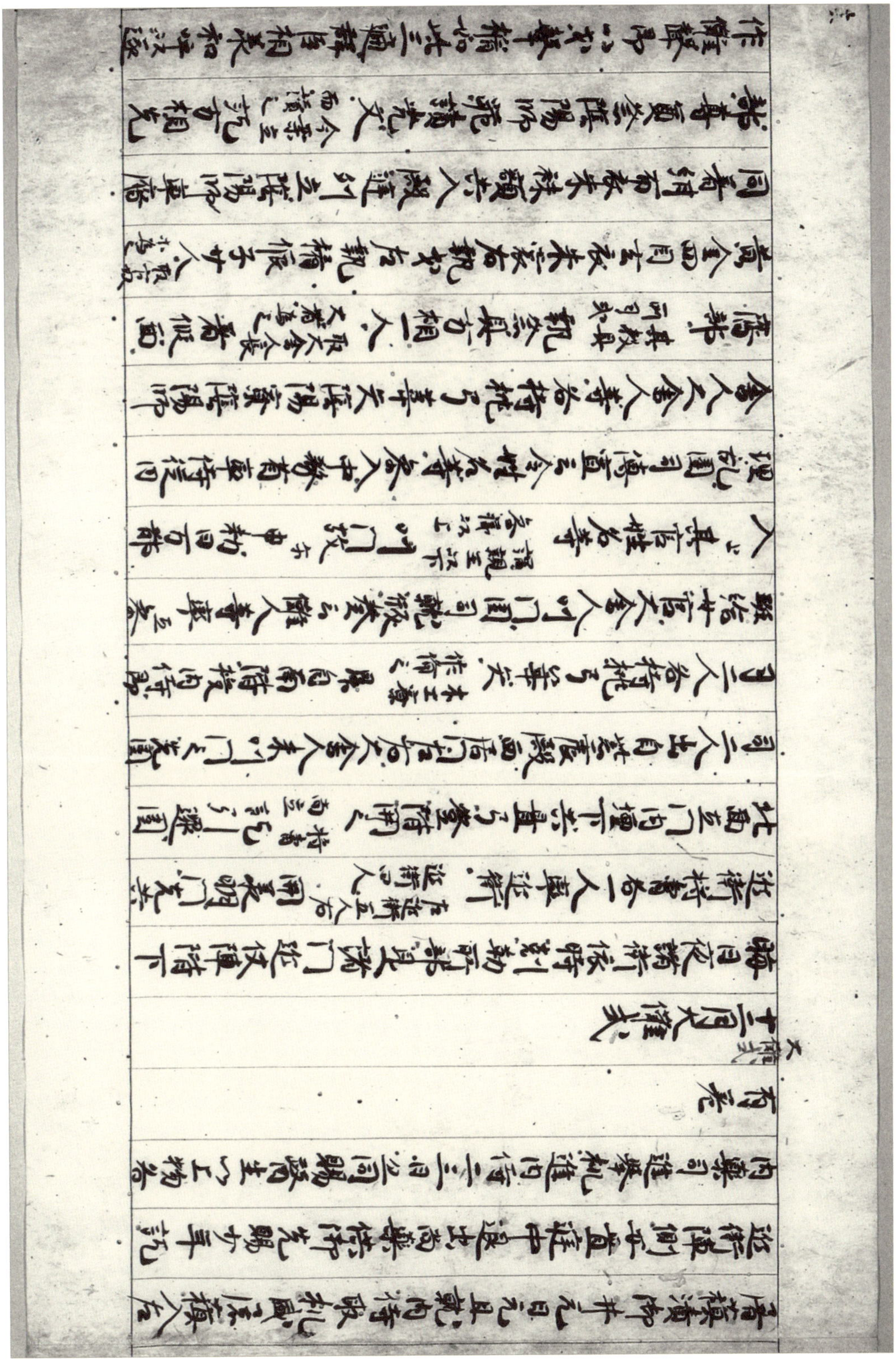

九条家本B
内裏式中
十二月進御薬式・十二月大儺式

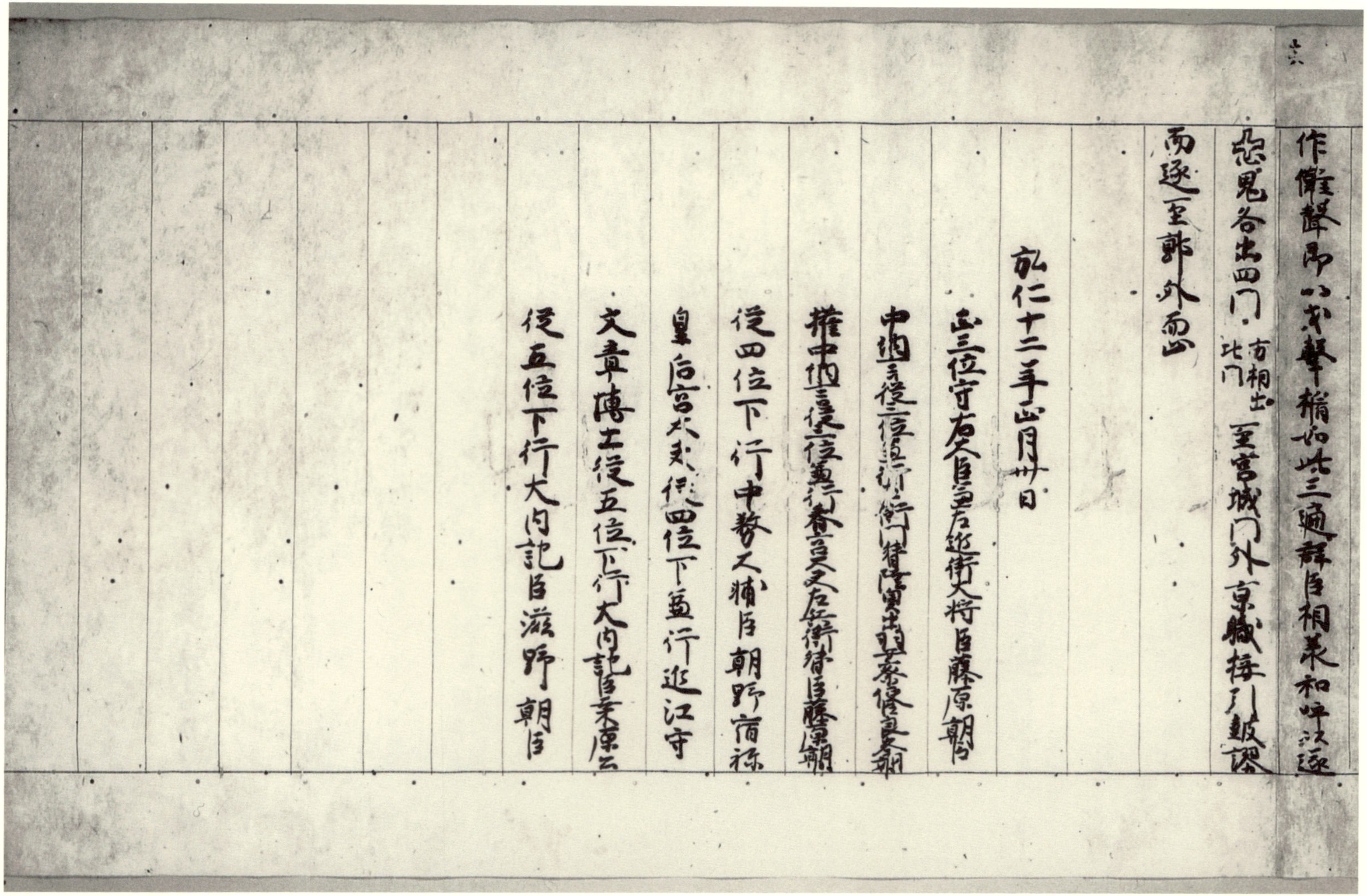
作儺聲即以戈撃楯如此三通群臣相承和呼以逐
悪鬼各出四門（方相出北門）至宮城門外京職接引鼓譟
而逐至郭外而止
弘仁十二年正月卅日
正三位守右大臣兼行左近衛大将臣藤原朝臣
中納言従三位兼行左衛門督陸奥出羽按察使臣良峯朝臣
権中納言従四位上兼行春宮大夫左兵衛督臣藤原朝臣
従四位下行中務大輔臣朝野宿祢
皇后宮大夫従四位下兼行近江守
文章博士従五位下行大内記臣菅原朝臣
従五位下行大内記臣滋野朝臣

九条家本B　内裏式中　十二月大儺式／弘仁撰者名

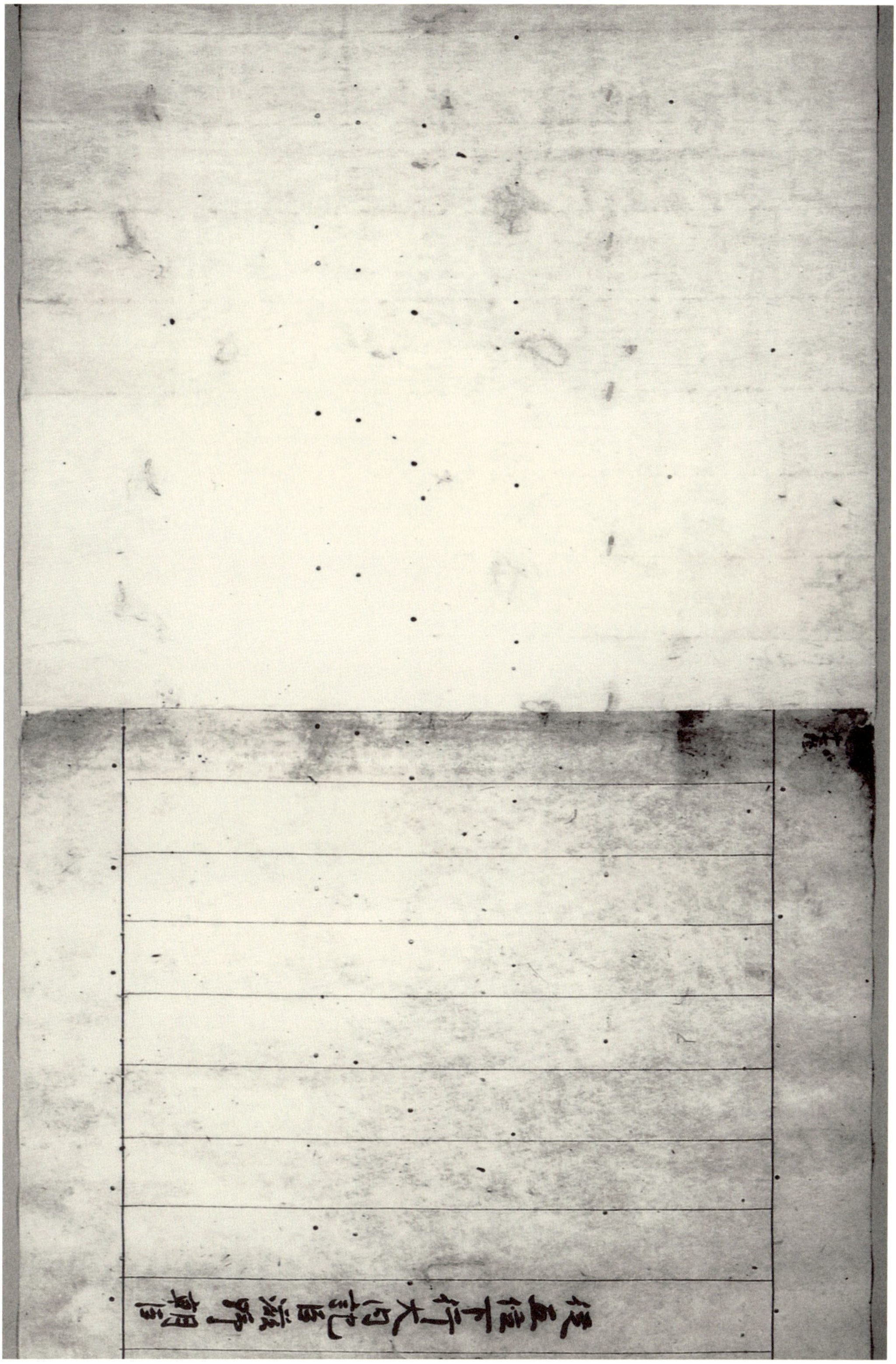

九条家本B　内裏式中　弘仁撰者名

尊経閣善本影印集成 46
内裏式

発行　平成二十二年八月三十一日
定価　一八、九〇〇円
（本体一八、〇〇〇円＋税五％）
編集　財団法人　前田育徳会尊経閣文庫
東京都目黒区駒場四－三－五五
発行所　株式会社　八木書店
代表　八木壮一
東京都千代田区神田小川町三－八
電話　〇三－三二九一－二九六一〔営業〕
－二九六九〔編集〕
FAX　〇三－三二九一－六三〇〇
製版・印刷　天理時報社
用紙（特漉中性紙）　三菱製紙
製本　博勝堂

ISBN978-4-8406-2346-9　第七輯　第1回配本

Web http://www.books-yagi.co.jp/pub
E-mail pub@books-yagi.co.jp